D1753472

XIANG WANG

GEMÜSE UND FRÜCHTE SCHNITZEN

VEGETABLE AND FRUIT CARVING
SCULPTEZ DES LÉGUMES ET DES FRUITS
SCULTURE DI FRUTTA E DI VERDURA
TALLADO DE FRUTAS Y HORTALIZAS

MATTHAES VERLAG GMBH

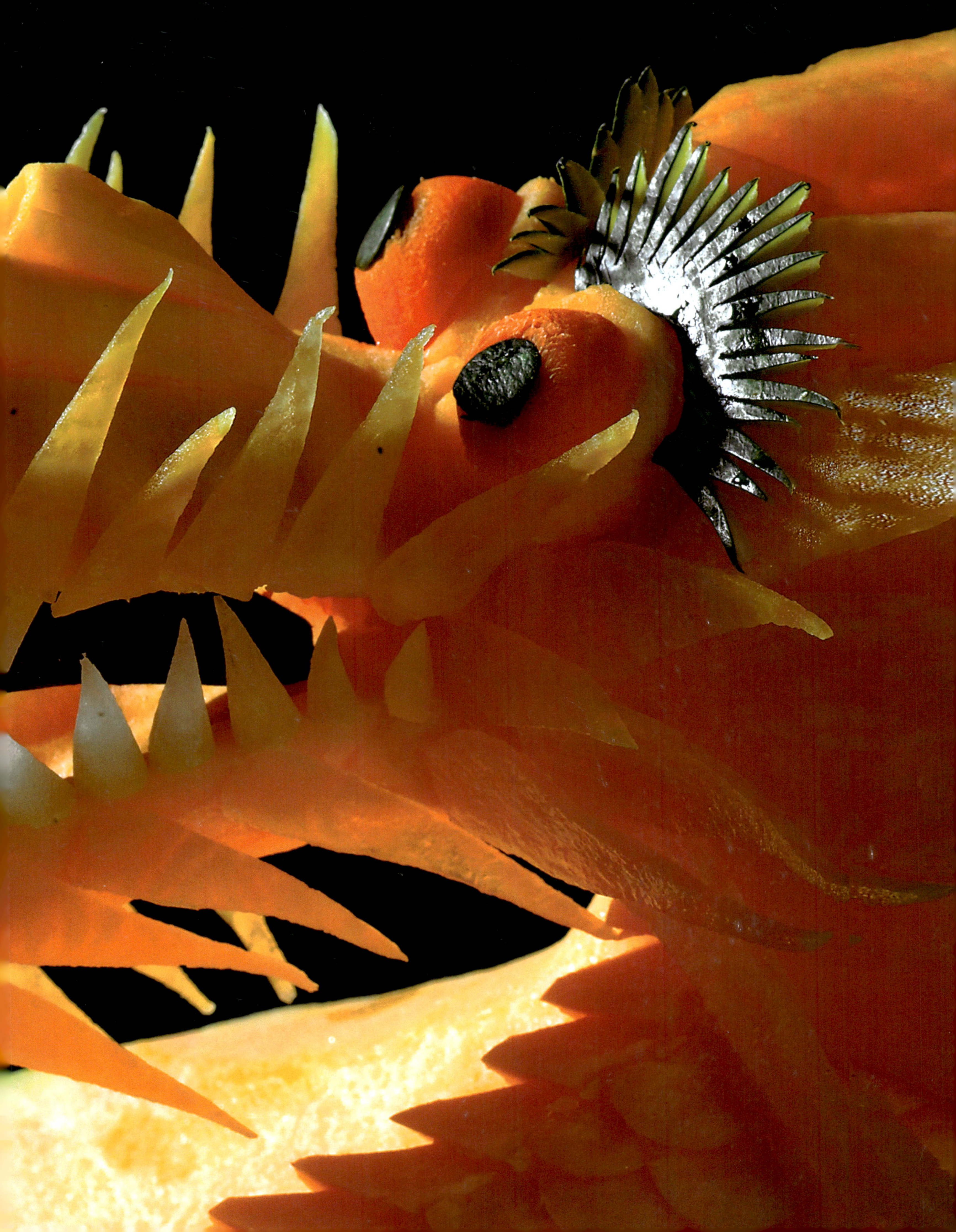

06	Einleitung	48	Melone mit 2 Schwänen
08	Einkauf	54	Thai-Blume
10	Vorbereitung des Arbeitsplatzes	60	Melonenkorb
		66	Melone mit Hund
14	Aufbewahrung	71	Melonen-Wellenblume
18	Papaya-Blume	76	Radieschen-Blume
24	Papaya-Rose	79	Rettich-Vogel
30	Papaya-Vogel	86	Blumen
36	Papaya-Muschel	90	Honigmelonen-Blume
42	Melone mit Pfau	94	Rettich-Kalla

06	Introduction	48	Melon with 2 Swans
08	Buying	54	Thai Flower
10	Preparation of the Workplace	60	Melon Basket
		66	Melon with Dog
14	Storing	71	Melon Wavy Flower
18	Papaya Flower	76	Radish Flower
24	Papaya Rose	79	Radish Bird
30	Papaya Bird	86	Flowers
36	Papaya Shell	90	Honeydew Melon Flower
42	Melon with Peacock	94	Radish Calla

06	Introduction	48	Pastèque avec 2 cygnes
08	Achat	54	Fleur thaï
10	Préparation de l'aire de travail	60	Planier en pastèques
		66	Pastèque avec chien
14	Conservation	71	Fleur ondulée en pastèque
18	Fleur en papaye	76	Fleur en radis
24	Rose en papaye	79	Oiseau en raifort
30	Oiseau en papaye	86	Fleurs
36	Coquillage en papaye	90	Fleur en melon
42	Pastèque avec paon	94	Kalla en raifort

06	Introduzione	48	Anguria con 2 cigni
08	Acquisto	54	Fiore thai
10	Preparazione del posto di lavoro	60	Cesto di angurie
		66	Anguria con cane
14	Conservazione	71	Fiore ondulato d'anguria
18	Fiore di papaia	76	Fiore di ravanello
24	Rosa di papaia	79	Uccello di rafano
30	Uccello di papaia	86	Fiori
36	Conchiglia di papaia	90	Fiore di melone amarillo
42	Anguria con pavone	94	Calla di rafano

06	Introducción	48	Sandía con 2 cisnes
08	Compras	54	Flor tailandesa
10	Preparación del lugar de trabajo	60	Cesta de sandía
		66	Melón con perro
14	Conservación	71	Flor de ondas de melón
18	Flor de papaya	76	Flor de rabanito
24	Rosa de papaya	79	Pájaro de rábano
30	Pájaro de papaya	86	Flores
36	Concha de papaya	90	Flor de melón de miel
42	Sandía con pavo real	94	Cala de rábano

98	Melonenkörbchen	146	Chrysantheme	198	Kürbis-Vogel
102	Kohlrabi-Dahlie	150	Kürbis-Blume	204	Kürbis-Delfin
106	Zucchiniblüte	154	Thai-Dahlie	208	Impressionen „GÄSTE Leipzig 2007"
114	Zucchinivase	160	China-Blume		
120	Karottenblüte	164	Chinesischer Kürbiskorb	221	Der Autor
122	Karottenschmetterling	170	Weihnachtsstern	221	Der Fotograf
126	Schlanke Rose	174	Kürbis-Pfau	222	Das geeignete Werkzeug
130	Rote-Bete-Rose	179	Blumenschale	223	Seminare mit Xiang Wang
134	Ananas-Vogel	186	Rettich-Schwan		
140	Karottensperling	192	Rettich-Goldfisch		

98	Melon Basket	146	Chrysanthemum	198	Pumpkin Bird
102	Kohlrabi dahlia	150	Pumpkin Flower	204	Pumpkin Dolphin
106	Courgette Flower	154	Thai Dahlia	208	Impressions "GÄSTE Leipzig 2007"
114	Courgette Vase	160	Chinese flower		
120	Carrot Flower	164	Chinese Pumpkin Basket	221	The Author
122	Carrot Butterfly	170	Christmas Star	221	The Photographer
126	Slim Rose	174	Pumpkin Peacock	222	Suitable Tools
130	Beetroot Rose	179	Flower Vase	223	Seminars with Xiang Wang
134	Pineapple Bird	186	Radish Swan		
140	Carrot Sparrow	192	Radish Goldfish		

98	Petit panier en melon	146	Chrysanthème	198	Oiseau en courge
102	Dahlia en chou-rave	150	Fleur en citrouille	204	Dauphin en courge
106	Bouton de fleur en courgette	154	Dahlia thaï	208	Impressions «GÄSTE Leipzig 2007»
114	Vase en courgette	160	Fleur de chine		
120	Bouton de fleur en carottes	164	Panier en courge chinois	221	L'auteur
122	Papillon en carottes	170	Étoile de noël	221	Le photographe
126	Rose mince	174	Paon en courge	222	Les outils adaptés
130	Rose en betterave	179	Pot de fleur	223	Séminaires avec Xiang Wang
134	Oiseau en ananas	186	Cygne en radis		
140	Moineau en carottes	192	Poisson rouge en radis		

98	Cestino di melone	146	Crisantemi	198	Uccello di zucca
102	Dalia di cavolo rapa	150	Fiore di zucca	204	Delfino di zucca
106	Fiore di zucchina	154	Dalia thai	208	Impressioni «GÄSTE Leipzig 2007»
114	Vaso di zucchina	160	Fiore cinese		
120	Fiore di carota	164	Cesta cinese di zucca	221	L'autore
122	Farfalla di carota	170	Stella di natale	221	Il fotografo
126	Rosa sottile	174	Pavone di zucca	222	L'utensile adatto
130	Rosa di barbabietola	179	Cesto per fiori	223	Seminari con Xiang Wang
134	Uccello di ananas	186	Cigno di rafano		
140	Passero di carota	192	Pesciolino rosso di rafano		

98	Cestilla de melón	146	Crisantemo	198	Pájaro de calabaza
102	Dalia de colinabo	150	Flor de calabaza	204	Delfín de calabaza
106	Flor de calabacín	154	Dalia tailandesa	208	Impresiones «GÄSTE Leipzig 2007»
114	Florero de calabacín	160	Flor china		
120	Flor de zanahoria	164	Cesta china de calabaza	221	El autor
122	Mariposa de zanahoria	170	Poinsetia	221	El fotógrafo
126	Rosa delgada	174	Pavo real de calabaza	222	Las herramientas apropiadas
130	Rosa de remolacha	179	Bandeja de flores	223	Seminarios con Xiang Wang
134	Pájaro de piña	186	Cisne de rábano		
140	Gorrión de zanahoria	192	Pez dorado de rábano		

Einleitung

Die Wurzeln der Gemüse- und Früchteschnitzkunst liegen im Zeitalter der chinesischen Dynastien. Während der Tang Dynastie (618–907 n. Chr.) und der Sung Dynastie (960–1279 n. Chr.) war das Garnieren und Verzieren von Speisen in China bereits weit verbreitet.

Glanzvolle und prächtige Verzierungen von Früchten oder Teigmodellen, von Tieren und Menschen, wurden nicht nur für die feudalen Bankette der Kaiserpaläste geschaffen, sondern auch im Mittelstand wurde diese Kunstfertigkeit ausgeübt und fortwährend behutsam weiterentwickelt.

Introduction

The roots of vegetable and fruit carving art go back to the age of the Chinese dynasties. Garnishing and decoration of foods in China was already widely known in the times of the Tang Dynasty (618–907 A.D.) and the Sung Dynasty (960–1279 A.D.).

Splendid and magnificent decorations of fruits or pastry models of animals and humans were created not only for feudal banquettes in the emperors' palaces but this art was also practised in the middle classes and carefully and continually further developed.

Introduction

Les origines de l'art de sculpter les légumes et les fruits remontent à l'époque des dynasties chinoises. Pendant la dynastie Tang (618–907 ap. J.-C.) et la dynastie Song (960–1279 ap. J.-C.), la garniture et la décoration de plats était très répandue en Chine.

On ne réalisait pas seulement des brillantes décorations de fruits ou de modèles en pâte, d'animaux et de personnes pour les banquets féodaux des palais impériaux, cet art était également exercé dans la classe moyenne, et a été constamment développé depuis.

Introduzione

Le radici dell'arte della scultura di frutta e verdura risalgono all'epoca delle dinastie cinesi. Durante la dinastia Tang (618–907 d.C.) e la dinastia Sung (960–1279 d.C.) in Cina era già molto diffusa la guarnizione e la decorazione delle vivande.

Le splendide e sontuose decorazioni di frutta, o i modelli d'animali o persone fatti con l'impasto, non venivano realizzati soltanto per i banchetti feudali dei palazzi imperiali; quest'arte fu praticata anche tra il ceto medio e conobbe un cauto sviluppo nel corso del tempo.

Introducción

La raíz del arte del tallado de frutas y hortalizas se encuentra en la época de las dinastías chinas. Durante la dinastía Tang (618–907 d.C.) y la dinastía Sung (960–1279 d.C.) la guarnición y decoración de alimentos en china estaba ampliamente difundida.

Decoraciones brillantes y ostentosas de frutas y modelos en masa de animales y personas no sólo fueron creadas para los banquetes feudales de los palacios imperiales, sino también en la clase media esta habilidad artística fue practicada y de forma continua, cuidadosamente perfeccionada.

Obwohl die Techniken im Laufe der Jahre verfeinert und veredelt wurden, erzielte die Kunst des Gemüse- und Früchteschnitzens erst in jüngster Zeit ihren eigentlichen Durchbruch. Die Gründe für die Popularität des Gemüse- und Früchteschnitzens liegen nicht nur im Wohlstand der Moderne, sondern auch im Bestreben die nationale Identität zu bewahren.

XIANG WANG, zweifacher Weltmeister im Gemüse- und Früchteschnitzen, versteht sich als kultureller Bewahrer und Beschützer einer wahrhaft meisterlichen Kunst von großer historischer Bedeutung, die er sorgsamen Weiterentwicklungen unterzieht und in Europa mit großem Engagement erfolgreich lehrt und verbreitet.

Although the techniques have been refined and modified in the course of time, the art of vegetable and fruit carving did not achieve a true breakthrough until recent times. The reasons for the popularity of vegetable and fruit carving lie not only in the affluence of modern times but also in the efforts to preserve the national identity.

XIANG WANG, twice World Champion in vegetable and fruit carving sees himself as cultural preserver and protector of a truly masterly art form of historical significance, which he carefully develops as well as teaching and promoting it successfully in Europe with great dedication.

Bien que les techniques, au fur et à mesure des années, aient été raffinées et ennoblies, ce n'est que très récemment que l'art de la sculpture des légumes et des fruits a réalisé sa véritable percée. Les raisons de la popularité de la sculpture des légumes et des fruits ne sont pas seulement à rechercher dans le bien-être moderne, mais aussi dans la volonté de préserver l'identité nationale.

XIANG WANG, deux fois champion du monde de sculpture de légumes et de fruits, se perçoit comme un conservateur culturel et comme le protecteur d'un art véritablement magistral revêtant une grande importance historique, qu'il continue à développer avec précaution et qu'il enseigne et répand en Europe avec beaucoup d'engagement et de succès.

Sebbene con il trascorrere degli anni le tecniche si siano raffinate e ingentilite, l'arte della scultura di frutta e di verdura ha ottenuto un reale successo soltanto nel passato più recente. Le ragioni che rendono popolare la scultura di frutta e verdura non sono da ricercare solo nel benessere dei tempi moderni ma anche nell'aspirazione a preservare l'identità nazionale.

XIANG WANG, per due volte campione del mondo nella scultura di frutta e di verdura, si ritiene un preservatore culturale e protettore di un'arte davvero eccellente, dal grande significato storico, che egli sottopone a meticolose evoluzioni e che con grande impegno insegna e diffonde efficacemente in Europa.

Si bien las técnicas en el transcurso de los años fueron refinadas y ennoblecidas, el arte del tallado de frutas y hortalizas ha vivido recién en una época reciente su verdadera manifestación Las razones para la popularidad del tallado de frutas y hortalizas no se encuentran sólo en el prosperidad de la modernidad, sino también en el esfuerzo de conservar su identidad nacional.

XIANG WANG, dos veces campeón del mundo en tallado de frutas y hortalizas, se siente como protector y conservador cultural de un arte verdaderamente magistral de gran significación histórica, la cual somete cuidadosamente a un perfeccionamiento y enseña y difunde en Europa con la máxima dedicación.

Einkauf

Zunächst einmal ist auf einen saisongerechten Einkauf des Schnitzgutes zu achten. Jede Frucht- und Gemüsesorte hat eine spezielle Zeit, in der sie besonders frisch und aromatisch ist. Hinzu kommt, dass die Ware während der Saison deutlich günstiger ist, als in den Monaten zuvor oder danach. So hat zum Beispiel die Melone von März bis in den Dezember Saison, die Aubergine in den Herbstmonaten.

Buying

It is of great importance to choose the fruit and vegetables to be carved according to season. Every type of fruit and vegetable has a different season when it is particularly fresh and aromatic. Furthermore products which are in season are considerably cheaper than in the previous or the following months. The melon, for example, is in season from March to December, the aubergine in the autumn months.

Achat

Il faut d'abord veiller à acheter à la bonne saison les fruits et légumes à sculpter. Il y a, pour chaque espèce de fruit et de légume, une période spéciale au cours de laquelle celle-ci est particulièrement fraiche et aromatique. A cela vient s'ajouter le fait qu'elle est nettement meilleur marché pendant cette saison qu'au cours des mois précédents ou plus suivants. C'est ainsi que la saison du melon va de mars à décembre, et que celle des aubergines est en automne.

Acquisto

Per prima cosa bisogna fare in modo che l'acquisto della merce da intagliare avvenga durante la stagione giusta. Ogni specie di frutto o di ortaggio ha un periodo particolare in cui è particolarmente fresco ed aromatico. A questo va aggiunto che la merce costa certamente di meno durante la stagione del suo raccolto piuttosto che nei mesi precedenti o successivi. Per fare un esempio, la stagione del melone va da marzo a dicembre, mentre quella della melanzana arriva nei mesi autunnali.

Compras

Como primera medida se debe observar una compra del producto a tallar acorde a la temporada. Cada tipo de fruta y hortaliza tiene un tiempo especial, en el que es especialmente fresco y aromático. A ello se le suma, que la mercancía durante la temporada en notablemente más económica que meses antes o después. Así por ejemplo el melón tiene su temporada de marzo a diciembre, la berenjena en los meses de otoño.

Um die besten Ergebnisse zu erzielen, ist außerdem auf frischeste Qualität zu achten. Denn, wenn die Ananas schon beim Kauf überreif ist, wird das Schnitzkunstwerk nicht besonders appetitlich aussehen und kann auch nicht mehr eingelagert werden. Man sollte vor dem Kauf testen, ob sich die Ware wirklich fest anfühlt.

Auch ist es empfehlenswert sich von Anfang an den richtigen „Blick" anzutrainieren und die Form des zu schnitzenden Objektes bereits bei der Auswahl vor Augen zu haben. Es fällt später leichter, gerade bei größeren Schaustücken, die passende Form zu finden, wenn man das Obst oder Gemüse direkt nach der Form des Endproduktes auswählt. So ist es beispielsweise einfacher, aus einem länglichen Rettich die Form eines Schwanes herauszuarbeiten, als aus einem runden Kohlrabi. Dieser eignet sich deutlich besser für das Schnitzen von Blüten.

To get the best results it is also important to choose the freshest quality. Because if the pineapple is already overripe when you buy it, the carved artwork will not look particularly appetising and will not be capable of storing. You should examine the product when buying to make sure it feels really firm.

It is also recommended to practise from the beginning to have the right "eye" to recognise the form of the product you have in mind for the object you intend to carve. This makes it easier, particularly in the case of larger showpieces, to find the suitable shape when you choose the fruit or vegetable according to the shape of the model you have in mind. It is easier, for example, to carve the form of a swan from a long radish than from a round kohlrabi. This is much more suitable for carving flowers.

Il faut en outre veiller à la qualité ayant la plus grande fraicheur pour pouvoir obtenir les meilleurs résultats. Car si l'ananas est déjà trop mûr au moment de son achat, l'objet d'art sculpter n'aura pas un aspect très appétissant, et ne peut également plus être stocké. Il faut vérifier, avant tout achat, que la marchandise est vraiment bien ferme.

Il est également recommandé de s'entraîner dès le début à avoir le bon «coup d'œil» et d'avoir devant les yeux la forme de l'objet à sculpter dès sa sélection. On trouve plus tard plus facile, notamment pour les modèles d'exposition relativement grands, de trouver la forme qui convient lorsqu'on choisit des fruits ou des légumes directement d'après la forme du produit final.
Il est ainsi par exemple plus simple de dégager la forme d'un cygne à partir d'un radis de forme longue, qu'à partir d'un chou-rave rond. Celui-ci est se prête bien plus nettement à la sculpture de fleurs.

Per ottenere i migliori risultati bisogna inoltre stare attenti alla qualità più fresca. Infatti, se l'ananas è già troppo maturo al momento dell'acquisto, la scultura non avrà un aspetto particolarmente appetitoso e non è neanche possibile conservarla. Prima dell'acquisto bisognerebbe verificare al tatto se la merce è veramente soda.

E' altresì consigliabile che fin dall'inizio ci si eserciti a dare «l'occhiata» giusta e ad immaginarsi già l'oggetto da intagliare nel momento in cui si sceglie la merce. Se si acquista la frutta o la verdura avendo ben presente il prodotto finale, dopo sarà più facile, soprattutto nel caso di sculture più grosse, estrapolare la forma idonea.
Per fare un esempio, è più semplice ricavare la struttura di un cigno da un rafano allungato piuttosto che da un cavolo rapa rotondo, molto più adatto per l'intaglio di un fiore.

Para alcanzar los mejores resultados, se debe observar además a la calidad más fresca. De hecho, cuando una piña ya en el momento de la compra está sobremadurada, la obra tallada no tendrá un aspecto especialmente apetitoso y tampoco puede ser almacenada. Antes de la compra se debe verificar, que la mercancía tenga un tacto realmente firme.

También es recomendable entrenar desde el inicio una correcta «vista» y ya tener presente la forma del objeto a ser tallado en el momento de la elección. Más tarde resulta sencillo, justamente en piezas de exposición grandes, encontrar la forma apropiada, cuando se selecciona la fruta y las hortalizas directamente de acuerdo a la forma del producto final. De este modo por ejemplo es más sencillo, de un rábano largo trabajar la forma de un cisne, que de un colinabo redondo. Este se adapta notablemente mejor para el tallado de flores.

Vorbereitung des Arbeitsplatzes

Wie bei jeder handwerklichen Arbeit sollte auch beim Schnitzen von Gemüse und Früchten ein gut ausgestatteter und beleuchteter Arbeitsplatz zur Verfügung stehen, um beste Ergebnisse zu erzielen. Optimal ist es bei Tageslicht zu arbeiten. Alternativ ist eine sehr starke Halogenlampe am Arbeitsplatz empfehlenswert, um auch kleinste Unebenheiten und Fehler zu sehen.

Grundlage für erfolgreiches und entspanntes Arbeiten ist ein stabiler Arbeitstisch in optimaler Höhe. Im Sitzen sollten die Arme und Beine

Preparation of the Workplace

As in the case of all types of handicraft, when carving fruit and vegetables the workplace should be well equipped and well lit in order to achieve the best results. It is best to work by daylight. Alternatively a very strong halogen light is recommended at the workplace in order to see the slightest unevenness and any faulty work.

A condition for successful and relaxed work is a stable worktable of optimal height. When sitting, the arms and legs should be as relaxed as possible, as you will probably need to work for several hours for a large

Préparation de l'aire de travail

Comme dans toute activité artisanale, il faut disposer d'une aire de travail bien équipée et éclairée afin d'obtenir les meilleures résultats dans la sculpture de légumes et de fruits. A titre d'alternative, une lampe halogène très puissante est recommandée afin de voir les plus petites inégalités et les plus petits défauts.

La base d'un travail réussi et détendu est une table de travail ayant la hauteur optimale. Les bras et les jambes doivent être aussi détendus possible en position assise, du fait que vous pouvez tout à fait être

Preparazione del posto di lavoro

Come per ogni lavoro manuale, anche nel caso delle sculture di frutta e di verdura, per conseguire ottimi risultati si dovrebbe disporre di un posto di lavoro ben equipaggiato ed illuminato. La cosa migliore è lavorare con la luce del giorno. Alternativamente si consiglia di installare sul posto di lavoro una luce alogena molto potente che consenta di vedere anche le minime imperfezioni.

Il presupposto per un lavoro efficace e rilassato è un tavolo stabile di altezza ottimale. Dato che per una scultura più grande sarete senz'altro

Preparación del lugar de trabajo

Como para cualquier tarea artesanal, también para el tallado de frutas y hortalizas se debe disponer de un lugar de trabajo bien equipado e iluminado, para poder alcanzar los mejores resultados. Es óptimo trabajar con luz de día. Alternativamente se recomienda una potente lámpara halógena en el lugar de trabajo, para poder ver también las mínimas irregularidades y los fallos.

Fundamental para un trabajo distendido y exitoso es una mesa de trabajo estable a una altura óptima. En posición sentada los brazos y las

möglichst entspannt sein, da Sie für ein größeres Schaustück durchaus einige Stunden beschäftigt sind. Planen Sie jedoch ausreichend Zeit für Ruhepausen ein, um Verletzungen durch mangelnde Konzentration zu vermeiden.

Als Unterlage eignen sich rutschfeste Arbeitsflächen oder Bretter. Unverzichtbar ist auch ein mit Wasser gefülltes Gefäß, um Teilprodukte bis zum Fertigstellen des gesamten Schaustückes feucht aufbewahren zu können.

Zum Schutz vor Verletzungen Messer und Schnitzwerkzeuge, die im Moment nicht benutzt werden, sicher verwahren, z. B. in den Schnitzkoffer legen oder in eine Werkzeugschale.

Schnitzabfälle direkt in einen Eimer entsorgen. Je übersichtlicher und besser organisiert der Arbeitsplatz ist, desto mehr können Sie sich auf die eigentliche Arbeit konzentrieren – das Schnitzen.

---

showpiece. Plan to take sufficient time for a break to avoid the risk of injury through lack of concentration.

A non-slip work surface or boards are suitable as base. It is essential to have a container with water at hand for depositing cut-off pieces until the whole showpiece is finished.

As protection against injuries keep knives and carving tools safe when not in use by putting them, for example, in a carving tool case or dish. Put waste pieces straight into a bin. The neater and better organised the workplace is, the more you can concentrate on the real work-carving.

---

occupés pendant plusieurs heures pour les pièces le plus grosses. Prévoyez cependant suffisamment de temps pour les pauses, afin d'éviter toute blessure à cause d'un manque de concentration.

Ce sont des surfaces de travail ou des planches antidérapantes qui se prêtent le mieux pour les supports. Il est également indispensable d'avoir un récipient rempli d'eau afin de pouvoir conserver à l'humidité les produits partiels jusqu'à la fin de la fabrication de la pièce complète.

Conservez à l'abri les couteaux et les outils de découpe que vous n'utilisez pas maintenant afin de vous protéger contre toute blessure, p. ex. dans une boîte à outils de sculpture ou dans un pot à outils. Jetez les déchets de découpe directement dans un seau. Plus l'aire de travail est organisée de façon claire, et plus vous pouvez vous concentrer sur votre travail effectif – la sculpture.

---

impegnati alcune ore, da seduti le braccia e le gambe dovrebbero essere perfettamente rilassate. Pianificate tuttavia un tempo sufficiente per gli intervalli di riposo allo scopo di evitare le ferite causate dalla mancanza di concentrazione.

Come piano di lavoro vanno bene delle superfici di lavoro antisdrucciolevoli o delle tavole. E' anche indispensabile un contenitore d'acqua per mantenere umide le varie componenti fino alla completa realizzazione della scultura.

Per proteggersi dalle ferite custodite al sicuro i coltelli e gli utensili da intaglio al momento non impiegati, riponendoli ad esempio nella valigetta o in una ciotola per gli attrezzi.

Smaltite i rifiuti dell'intaglio direttamente in un secchio. Più il posto di lavoro è ordinato e organizzato meglio potete concentrarvi con il vero lavoro che è l'intaglio.

---

piernas en lo posible deben estar distendidos, debido a que para una pieza de exposición grande estará sin duda ocupado algunas horas. Planifique sin embargo suficiente tiempo para pausas de descanso, para evitar lesiones debido a falta de concentración.

Como base se adaptan superficies de trabajo antideslizantes o tablas. Imprescindible es también un recipiente lleno de agua, para poder conservar húmedos productos parciales hasta la finalización de la pieza de exposición completa.

Para protección contra lesiones, guardar con seguridad los cuchillos y las herramientas de tallado que en ese momento no se utilicen, p.ej. colocar en la maleta de tallado o en una bandeja de herramientas.

Eliminar los residuos de tallado directamente en un balde. Cuanto mejor sea la disposición y la organización en el lugar de trabajo, tanto mayor podrá concentrase en la tarea esencial – el tallado.

12

13

Bestelladresse für
Schnitzutensilien Seite 222

Order address for carving
utensils page 222

Adresse où commander les outils
pour la sculpture page 222

Indirizzo di ordinazione degli
utensili da intaglio Pag. 222

Dirección de pedido para
utensilios de tallado Página 222

Aufbewahrung

Schnitzarbeiten können mehrere Tage eingelagert und frisch gehalten werden. Dies ist enorm praktisch, denn man kann alle Schaustücke bequem vorbereiten und gerät am Tage der Veranstaltung nicht unter Druck.

Für Gemüse gilt die Regel, dass die Stücke, in kaltem Wasser liegend, bei einer Lagertemperatur von etwa 5 °C zwischen 10 bis 15 Tagen haltbar sind. Bitte halten Sie die Stücke nicht zu lange in den Händen, damit sie nicht austrocknen.

Früchte müssen schon während des Arbeitens in regelmäßigen Abständen mit Frischespray befeuchtet werden. Das Spray gibt es fertig zu kaufen oder als Pulver zum Anrühren. Die Schaustücke sind, vollständig in Frischhaltefolie eingeschlagen, etwa 5 bis 7 Tage im Kühlschrank lagerfähig.

Grundsätzlich sollten Sie die Schaustücke, auch nach dem Aufstellen auf dem Buffet, immer wieder befeuchten, um ein frisches und appetitliches Aussehen zu bewahren.

Storing

Carvings can be kept fresh for several days. This is extremely practical, because you can prepare all showpieces comfortably beforehand and you do not get into a stress situation on the day of the event.

For vegetables the rule is that the pieces can be kept in cold water at a temperature of about 5°C for 10 to 15 days. Please do not hold the pieces too long in your hand or they will dry out.

Fruits should be sprayed with freshening liquid at regular intervals while you are working. You can buy the spray ready-made or in powder form for mixing. When the showpieces are completely wrapped in cling film they can be stored in the fridge for about 5 to 7 days.

In principle you should repeatedly spray the showpieces, even after you have set up the buffet, in order to keep them looking fresh and appetizing.

Conservation

Les objets sculptés peuvent être stockés et maintenus au frais pendant plusieurs jours. Ceci est extrêmement pratique, car on peut préparer confortablement toutes les pièces d'exposition et on ne tombe pas sous pression le jour de la manifestation.

La règle, pour les légumes, est que les pièces peuvent être conservées de 10 à 15 jours dans de l'eau froide à une température de stockage d'environ 5 °C. Veuillez ne pas garder les pièces trop longtemps dans les mains afin qu'elles ne se dessèchent pas complètement.

Les fruits doivent être, pendant le travail déjà, humidifiés à des intervalles réguliers à l'aide d'un pulvérisateur rafraichissant. On peut acheter ce pulvérisateur tout fait, ou sous forme de poudre à remuer. Les pièces d'exposition peuvent être entreposées environ 5 à 7 jours dans un réfrigérateur, complètement emballées dans un film pour la conservation des aliments.
Vous devez en principe humidifier en permanence les modèles d'exposition, même après qu'ils aient été disposés sur le buffet, afin de leur conserver un aspect frais et appétissant.

Conservazione

I lavori d'intaglio possono essere conservati per parecchi giorni e mantenuti freschi. Ciò è molto comodo perché si possono preparare comodamente tutte le sculture senza andare sotto pressione il giorno dell'allestimento.

Per le verdure vale la regola che gli oggetti immersi nell'acqua fredda ad una temperatura di circa 5° si mantengono dai 10 ai 15 giorni. Evitate di tenerli per troppo tempo tra le mani, altrimenti si seccano.

I frutti, già durante la lavorazione, devono essere umidificati ad intervalli regolari con uno spray rinfrescante che può essere acquistato come prodotto finito o come polvere da mescolare all'acqua. Le sculture, avvolte bene nella pellicola per la conservazione degli alimenti, si possono conservare in frigorifero dai 5 ai 7 giorni.

In linea di principio le sculture, anche dopo la presentazione al buffet, dovrebbero essere sempre umidificate per mantenere un aspetto fresco e appetitoso.

Conservación

Los trabajos de tallado pueden ser almacenados varios días y mantenidos frescos. Esto es enormemente práctico, dado que se pueden preparar todas las piezas de exposición y el día del evento no se encuentra bajo presión.

Para las hortalizas vale la regla, que las piezas que están depositadas en agua fría, con una temperatura de almacenaje de unos 5 °C tienen una duración de 10 a 15 días. Por favor, no sujete las piezas demasiado tiempo entre las manos para que no se sequen.

Las frutas ya durante el trabajo deben ser humectadas en intervalos regulares con un spray de frescura. Este spray puede ser adquirido terminado o como polvo para ser mezclado. Las piezas de exposición, envueltas completamente el film plástico, tienen una capacidad de almacenaje de 5 a 7 días en el refrigerador.

Fundamentalmente, aún después de ser expuestas sobre el bufé, las piezas de exposición siempre deben volver a ser humectadas, para conservar un aspecto fresco y apetitoso.

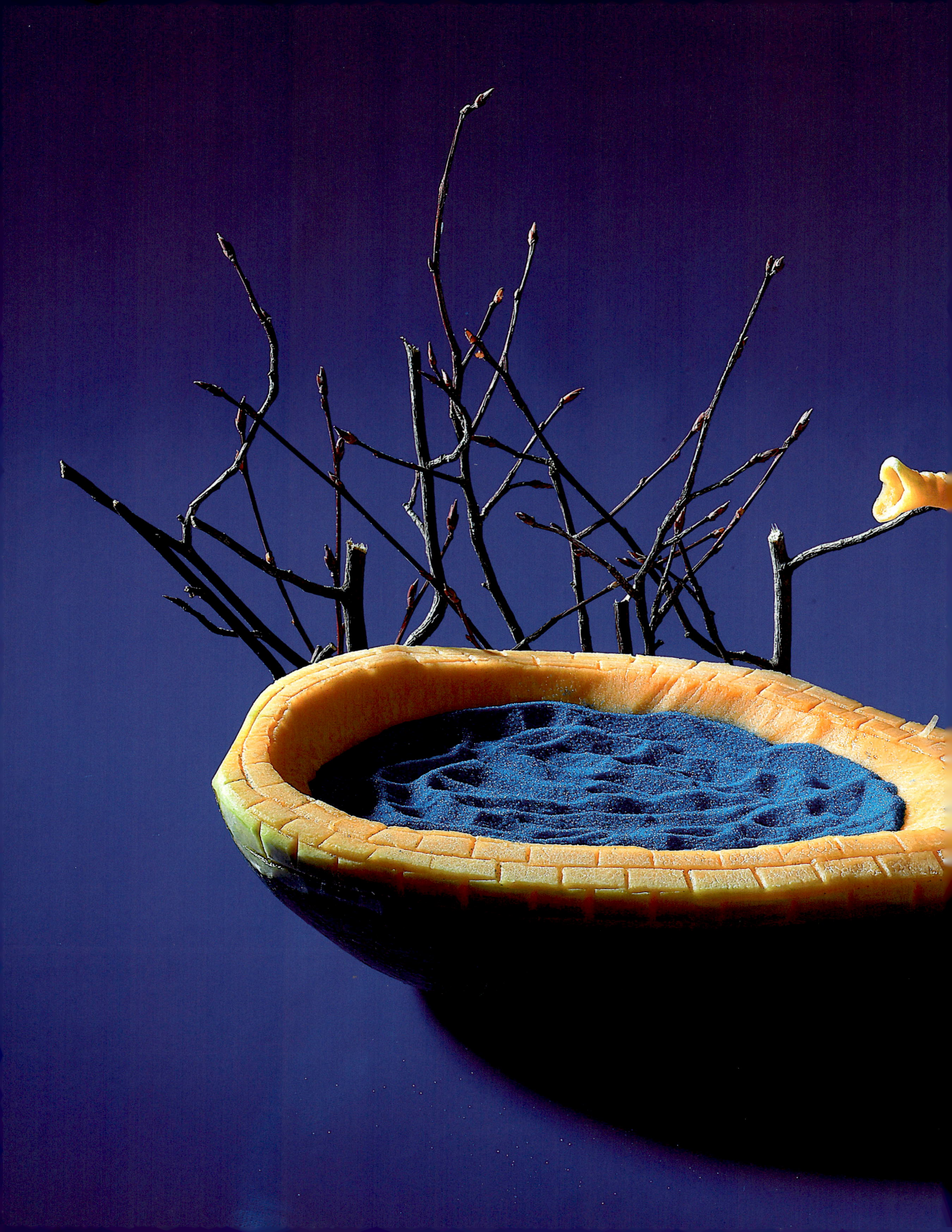

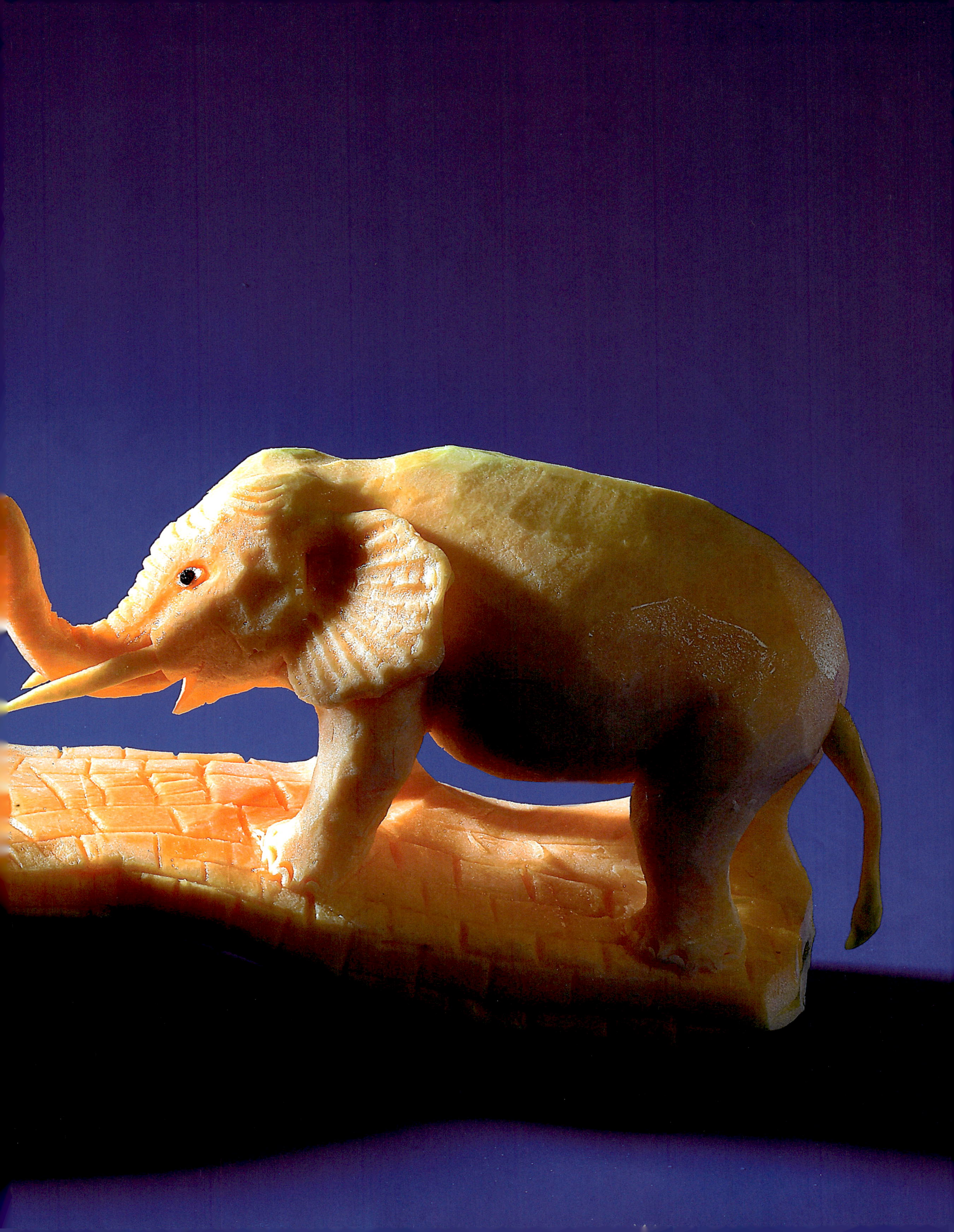

18 PAPAYA-BLUME / PAPAYA FLOWER / FLEUR EN PAPAYE / FIORE DI PAPAIA / FLOR DE PAPAYA

VORBEREITUNG
1 Papaya
Rundmeißel 1
Schnitzmesser V 1
Thai-Messer
Küchenmesser

PREPARATION
1 papaya
round chisel 1
paring knife V 1
Thai knife
kitchen knife

PRÉPARATION
1 papaye
Burin rond 1
Gouge V 1
Couteau thaïlandais
Couteau de cuisine

PREPARAZIONE
1 papaia
Scalpello circolare 1
Coltello da intaglio V 1
Coltello Thai
Coltello da cucina

PREPARACIÓN
1 Papaya
Cincel redondo 1
Cuchillo de tallado V 1
Cuchillo Tailandés
Cuchillo de cocina

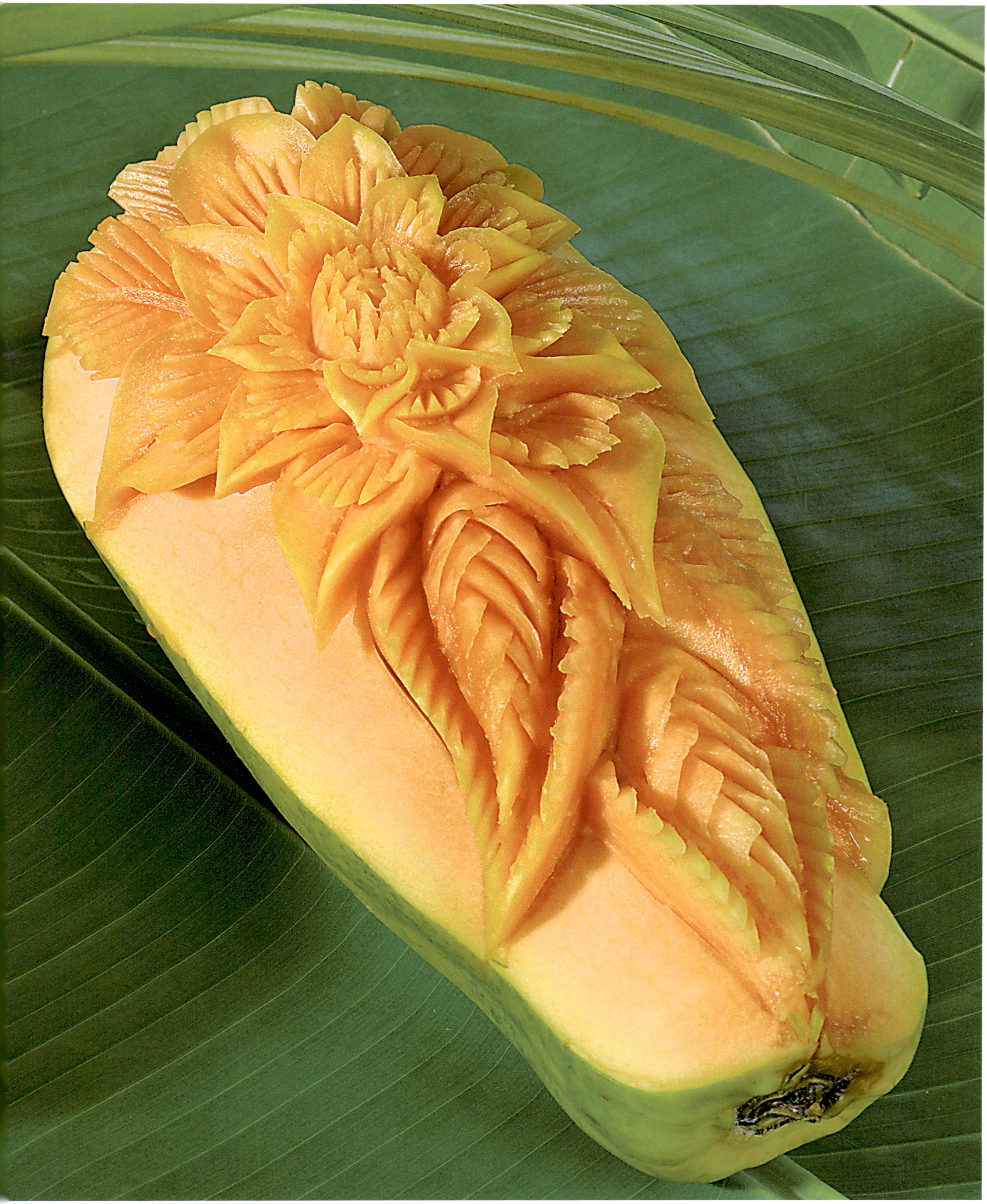

PAPAYA-BLUME / PAPAYA FLOWER / FLEUR EN PAPAYE / FIORE DI PAPAIA / FLOR DE PAPAYA

01

Mit dem Thai-Messer mittig einen Kreis schneiden und nach außen leicht schräg auslösen.

02

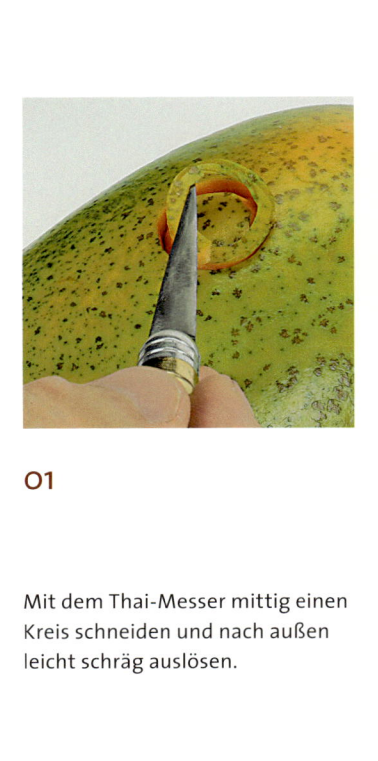

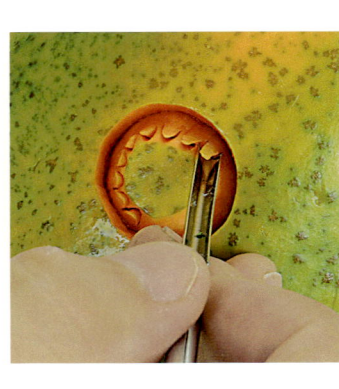

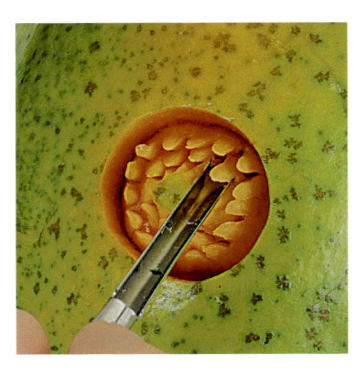

Entlang des Kreises mit dem Rundmeißel Blattformen einstechen.

03

Blätter mit Hilfe des Thai-Messers freistellen.

04

Mit der gleichen Technik bis zum Zentrum weitere Blattreihen stechen.

Using the Thai knife make a circular cut and remove fruit by cutting outwards at a slight angle.

Use the round chisel to make leaf-shaped cuts along the circle.

Expose the leaves using the Thai knife.

Using the same technique cut out further rows of leaves up to the centre.

Extrayez, à l'aide du couteau thaïlandais, un cercle au milieu, et faites le-tomber à l'extérieur en inclinant légèrement.

Découpez, à l'aide du burin rond, des formes de feuille le long de ce cercle.

Dégagez les feuilles à l'aide du couteau thaïlandais.

Avec la même technique, découpez d'autres séries de feuilles jusqu'au centre.

Con il coltello Thai incidere un cerchio al centro ed estrarlo facendo leggermente leva verso l'esterno.

Con lo scalpello circolare incidere nel cerchio le forme delle foglie.

Ricavare le foglie con l'ausilio del coltello Thai.

Usare la stessa tecnica per incidere altre file di foglie fino al centro.

Con el cuchillo tailandés cortar un círculo en el centro y soltarlo ligeramente inclinado hacia fuera.

Marcar a lo largo del círculo formas de pétalos con el cincel redondo.

Dejar libres los pétalos con ayuda del cuchillo tailandés.

Con la misma técnica seguir tallar otras filas de pétalos hasta el centro.

05

Schale um den Kreis im Abstand von etwa 2–3 cm entfernen.

Remove skin about 2–3 cm round the circle.

Enlever environ 2–3 cm de peau autour du cercle, le bord étant légèrement ondulé.

Togliere la buccia per circa 2–3 cm intorno al cerchio con un bordo leggermente ondulato.

Retirar la cáscara unos 2–3 cm alrededor del círculo con el borde ligeramente ondulado.

06

Am äußeren Rand des Kreises mit dem Thai-Messer 6 gerillte Halbkreise einschneiden und diese freistellen. Hinter jedem Halbkreis eine spitze Blattform herausschneiden.

Cut 6 grooved half-circles on the outer edge of the circle and expose them. Cut out a pointed leaf form behind each half-circle.

Sur le bord extérieur du cercle, découpez à l'aide du couteau thaïlandais 6 demi-cercles rainurés et dégagez ces derniers. Enlevez une forme de feuille pointue derrière chaque demi-cercle.

Servendosi del coltello Thai, intagliare e ricavare al bordo esterno del cerchio 6 semicerchi con delle scanalature. Scavare dietro ad ogni semicerchio la struttura appuntita di una foglia.

En el borde exterior del círculo cortar con el cuchillo tailandés 6 semicírculos ranurados y dejarlos libres. Detrás del semicírculo recortar una forma de pétalo en punta.

07

Blattform mit dem Thai-Messer bis zur Spitze einschneiden.

Carve the leaf form up to the point with the Thai knife.

A l'aide du couteau thaïlandais, incisez la forme de feuille jusqu'à la pointe.

Tagliare la struttura della foglia fino alla punta, utilizzando il coltello Thai.

Cortar la forma de pétalo hasta la punta con el cuchillo tailandés.

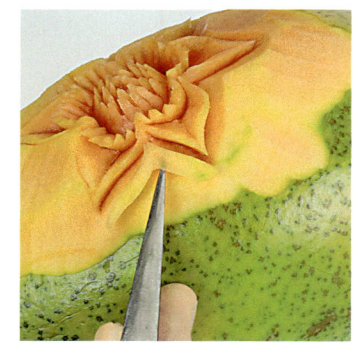

08

Dahinterliegendes Fruchtfleisch auslösen.

Remove the fruit behind it.

Détachez la chair du fruit située derrière.

Estrarre la polpa retrostante del frutto.

Retirar la pulpa que se encuentra por detrás.

PAPAYA-BLUME / PAPAYA FLOWER / FLEUR EN PAPAYE / FIORE DI PAPAIA / FLOR DE PAPAYA

09

Frucht etwa bis zur Hälfte schälen.

Peel the fruit to about half way.

Épluchez le fruit environ jusqu'à la moitié.

Sbucciare il frutto fino circa alla metà.

Pelar la fruta aproximadamente hasta la mitad.

10

Auf die gleiche Weise eine zweite Blattreihe schneiden, jedoch versetzt zur ersten.

In the same way cut a second row of leaves offset to the first one.

Coupez de la même manière une seconde rangée de feuilles, toutefois décalée par rapport à la première.

Intagliare nello stesso modo una seconda fila di foglie, tuttavia in posizione sfasata rispetto alla prima fila.

Del mismo modo cortar una segunda fila de pétalos, no obstante desplazada con respecto a la primera.

11

Je nach Fruchtgröße bis zum Ende des geschälten Teils weitere Blütenblätter versetzt ausarbeiten.

Cut further petals offset up to the end according to the size of the fruit.

Coupez, en fonction de la taille du fruit, d'autres rangées de feuilles décalées jusqu'à la fin de la partie épluchée.

A seconda delle dimensioni del frutto, tagliare altri petali sfasati tra di loro fino alla fine della parte sbucciata.

Según el tamaño de la fruta cortar desplazados otros pétalos hasta el fin de la parte pelada.

12

An der unteren Seite der Frucht die Form eines Stils herausschneiden.

At the underside of the fruit cut out the shape of a stalk.

Découpez la forme d'un pédoncule sur la face inférieure du fruit.

Ricavare la forma di uno stelo nel lato inferiore del frutto.

En la parte inferior de la fruta recortar la forma de un tallo.

13

14

15

Das Innere des Stils ährenförmig einschneiden.

Die Außenränder mit dem Schnitzmesser V1 rillenförmig verzieren.

Die Form von außen freistellen.

Carve the inside of the stalk in the form of ears of corn.

Decorate the outer edges with grooves using paring knife V1.

Expose the form from the outside.

Incisez l'intérieur du pédoncule en forme d'épi de blé.

Décorez, à l'aide de la gouge V1, les bords extérieurs prenant la forme de rainures.

Dégagez la forme de l'extérieur.

Intagliare l'interno dello stelo a forma di spiga.

Decorare i bordi esterni con delle scanalature, servendosi del coltello da intaglio V 1.

Mettere in rilievo la figura scavando uno spazio libero intorno ad essa.

Cortar el interior del tallo en forma de espiga.

Decorar los bordes exteriores de forma ranurada con el cuchillo de tallado V1.

Dejar libre la forma desde el exterior.

24 PAPAYA-ROSE / PAPAYA ROSE / ROSE EN PAPAYE / ROSA DI PAPAIA / ROSA DE PAPAYA

Vorbereitung
1 Papaya
Schnitzmesser V 1
Thai-Messer
Küchenmesser

Preparation
1 Papaya
paring knife V 1
Thai knife
kitchen knife

Préparation
1 papaye
Gouge V 1
Couteau thaïlandais
Couteau de cuisine

Preparazione
1 papaia
Coltello da intaglio V 1
Coltello Thai
Coltello da cucina

Preparación
1 Papaya
Cuchillo de tallado V 1
Cuchillo Tailandés
Cuchillo de cocina

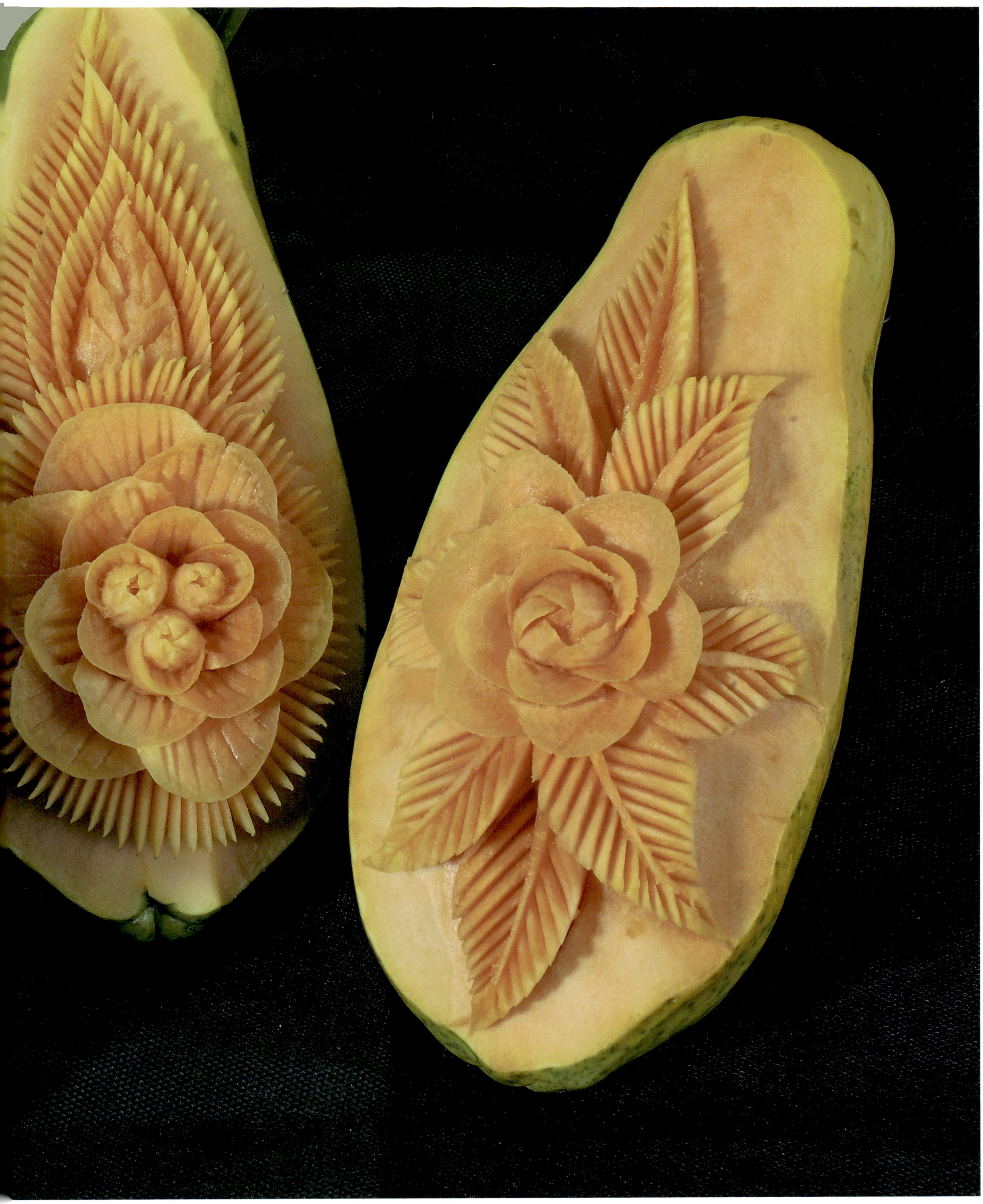

PAPAYA-ROSE / PAPAYA ROSE / ROSE EN PAPAYE / ROSA DI PAPAIA / ROSA DE PAPAYA

01

02

03

04

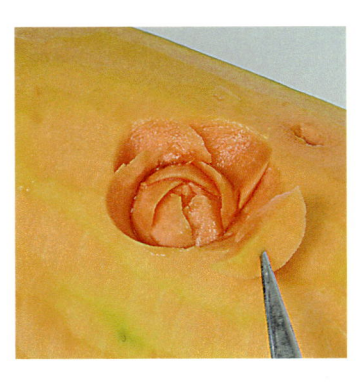

Etwa die Hälfte der Papaya schälen.

Mittig einen Kreis ausschneiden und nach außen auslösen.

Mit dem Thai-Messer innere Blütenblätter in geschlossener Optik herausarbeiten.

Nach außen, in Form eines Halbkreises, versetzt eine weitere Blütenreihe ausschneiden.

Peel about half the papaya.

Cut out a circular strip from about the centre and remove.

Using the Thai knife carve the inner petals in closed form.

Carve out a further row of petals at the outside in a half circle, offset.

Épluchez environ la moitié de la papaye.

Extrayez un cercle au milieu et faites-le tomber.

À l'aide du couteau thaïlandais, réalisez des pétales de fleur intérieurs avec un aspect d'ensemble harmonieux.

Extrayez vers l'extérieur une rangée de pétales décalée ayant la forme d'un demi-cercle.

Sbucciare circa metà della papaia.

Ritagliare al centro una forma circolare e scavare intorno ad essa.

Utilizzando il coltello Thai ricavare all'interno dei petali chiusi.

Ritagliare un'altra fila di petali a semicerchio verso l'esterno, in posizione sfasata rispetto alla prima.

Pelar aproximadamente la mitad de la papaya.

Recortar un círculo del centro y separarlo hacia fuera.

Con el cuchillo tailandés extraer hacia fuera los pétalos con óptica cerrada.

Recortar desplazada hacia fuera otra serie de pétalos en forma de un semicírculo.

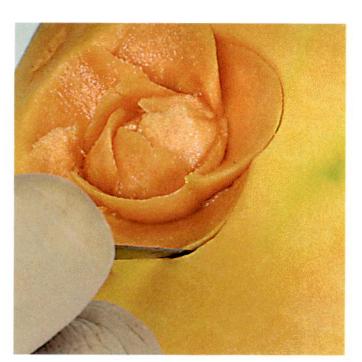

05

Die Blütenblätter durch Entfernen des dahinterliegenden Fruchtfleisches freistellen.

06

Mit der gleichen Technik noch 2–3 weitere Blütenreihen ausschneiden. Auch die letzte Blütenblattreihe durch Ausschälen freistellen.

07

Fertige Rose.

08

Für die Blätter eine grobe Blattform einkerben. (Obere Blätter sind bereits fertiggestellt).

Expose the petals by removing the fruit behind them.

With the same technique carve out further 2–3 rows of petals. Use the same technique also to expose the last row of petals by paring off the fruit behind.

The rose is finished.

For the leaves carve roughly a leaf form. (The upper leaves/petals are already made).

Dégagez les pétales de fleur en retirant la chair du fruit se trouvant derrière.

Extrayez encore, avec la même technique, 2–3 autres rangées de pétales de fleur. Dégagez aussi la dernière rangée de pétales de fleur en l'épluchant.

Rose achevée.

Entaillez une forme grossière de feuille pour les feuilles. (Les feuilles supérieures sont déjà achevées).

Evidenziare i petali togliendo la polpa retrostante.

Usando la stessa tecnica ritagliare ancora 2–3 file di petali. Evidenziare anche l'ultima fila di petali togliendo la buccia.

E voilà, la rosa è pronta.

Per le foglie scavare una forma approssimativa (le foglie in alto sono state già completate).

Dejar libres los pétalos retirando la pulpa de la fruta que se encuentra por detrás.

Con la misma técnica recortar aún otras 2–3 series de pétalos. También dejar libre la última serie de pétalos mediante pelado.

Rosa terminada.

Para las hojas insertar en una muesca una forma de hoja basta. (Las hojas superiores ya están terminadas).

PAPAYA-ROSE / PAPAYA ROSE / ROSE EN PAPAYE / ROSA DI PAPAIA / ROSA DE PAPAYA

09

Mit dem Küchenmesser eine Mittellinie einschneiden.

Use the carving knife to cut a centre line.

Incisez une ligne au milieu à l'aide du couteau de cuisine.

Con il coltello da cucina tracciare una linea al centro.

Con el cuchillo de cocina marcar una línea central.

10

Linie an beiden Seiten freistellen.

Expose this on both sides as ridge.

Dégagez la ligne des deux côtés.

Evidenziare una striscia da entrambi i lati.

Dejar libre la línea sobre ambos lados.

11

Links und rechts der Linie mit Schnitzmesser V1 v-förmige Blattrillen stechen.

Using paring knife V1 make V-shaped grooves in the leaf.

Piquez, à gauche et à droite de cette ligne, des nervures de feuille en forme de V à l'aide de la gouge V1.

Con il coltello da intaglio V1 incidere a sinistra e a destra le nervature delle foglie a forma di V.

Tallar a la izquierda y a la derecha de la línea las ranuras de hojas en forma de v con el cuchillo de tallado V1.

12

Mit dem Thai-Messer Blattform vorzeichnen.

Use the Thai knife to mark out the leaf contour.

Prédessinez une forme de feuille à l'aide du couteau thaï.

Tracciare la forma della foglia con il coltello Thai.

Delinear previamente la forma de hoja con el cuchillo tailandés.

13

14

Blattform durch Auslösen des dahinterliegenden Fruchtfleisches freistellen.

Fertiges Schaustück.

Remove fruit from behind the leaf to expose the form.

Showpiece is finished.

Dégagez la forme de feuille en détachant la chair du fruit se trouvant derrière.

Aspect final achevé.

Evidenziare la foglia togliendo la polpa restrostante.

Ed ecco pronto l'oggetto da esposizione.

Dejar libre la forma de hoja soltando la pulpa que se encuentra por detrás.

Pieza de exposición terminada.

PAPAYA-VOGEL / PAPAYA BIRD / OISEAU EN PAPAYE / UCCELLO DI PAPAIA / PÁJARO DE PAPAYA

Vorbereitung
1 Papaya
Rundmeißel 1
Schnitzmesser V 1
Thai-Messer
Küchenmesser

Preparation
1 papaya
round chisel 1
paring knife V 1
Thai knife
kitchen knife

Préparation
1 papaye
Burin rond 1
Gouge V 1
Couteau thaïlandais
Couteau de cuisine

Preparazione
1 papaia
Scalpello circolare 1
Coltello da intaglio V 1
Coltello Thai
Coltello da cucina

Preparación
1 Papaya
Cincel redondo 1
Cuchillo de tallado V 1
Cuchillo Tailandés
Cuchillo de cocina

31

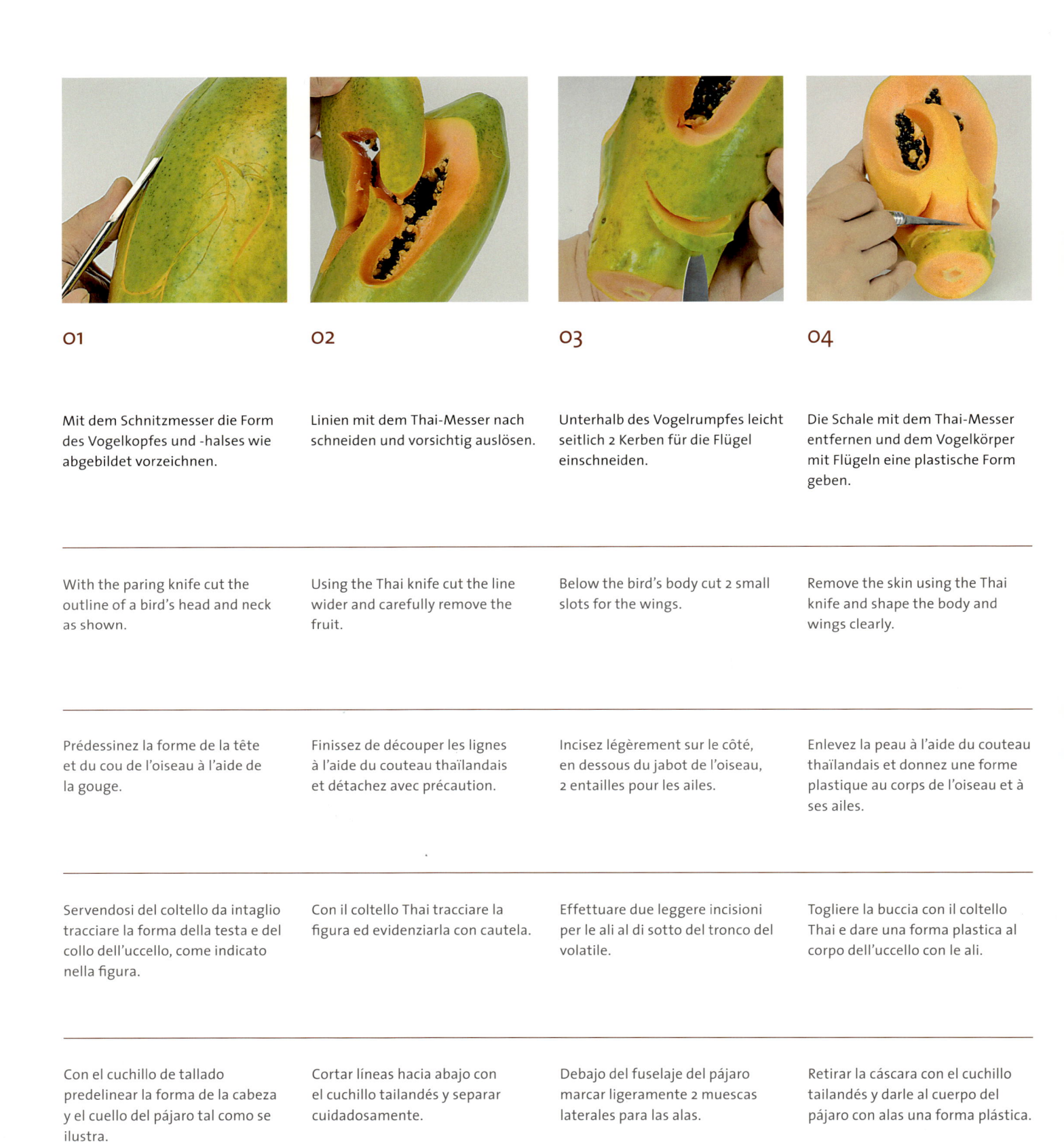

PAPAYA-VOGEL / PAPAYA BIRD / OISEAU EN PAPAYE / UCCELLO DI PAPAIA / PÁJARO DE PAPAYA

01

02

03

04

Mit dem Schnitzmesser die Form des Vogelkopfes und -halses wie abgebildet vorzeichnen.

Linien mit dem Thai-Messer nach schneiden und vorsichtig auslösen.

Unterhalb des Vogelrumpfes leicht seitlich 2 Kerben für die Flügel einschneiden.

Die Schale mit dem Thai-Messer entfernen und dem Vogelkörper mit Flügeln eine plastische Form geben.

With the paring knife cut the outline of a bird's head and neck as shown.

Using the Thai knife cut the line wider and carefully remove the fruit.

Below the bird's body cut 2 small slots for the wings.

Remove the skin using the Thai knife and shape the body and wings clearly.

Prédessinez la forme de la tête et du cou de l'oiseau à l'aide de la gouge.

Finissez de découper les lignes à l'aide du couteau thaïlandais et détachez avec précaution.

Incisez légèrement sur le côté, en dessous du jabot de l'oiseau, 2 entailles pour les ailes.

Enlevez la peau à l'aide du couteau thaïlandais et donnez une forme plastique au corps de l'oiseau et à ses ailes.

Servendosi del coltello da intaglio tracciare la forma della testa e del collo dell'uccello, come indicato nella figura.

Con il coltello Thai tracciare la figura ed evidenziarla con cautela.

Effettuare due leggere incisioni per le ali al di sotto del tronco del volatile.

Togliere la buccia con il coltello Thai e dare una forma plastica al corpo dell'uccello con le ali.

Con el cuchillo de tallado predelinear la forma de la cabeza y el cuello del pájaro tal como se ilustra.

Cortar líneas hacia abajo con el cuchillo tailandés y separar cuidadosamente.

Debajo del fuselaje del pájaro marcar ligeramente 2 muescas laterales para las alas.

Retirar la cáscara con el cuchillo tailandés y darle al cuerpo del pájaro con alas una forma plástica.

05

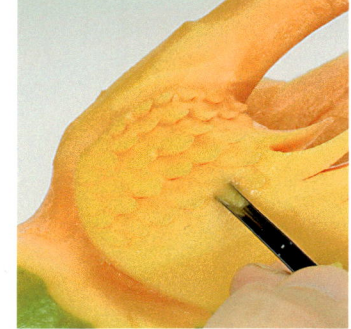

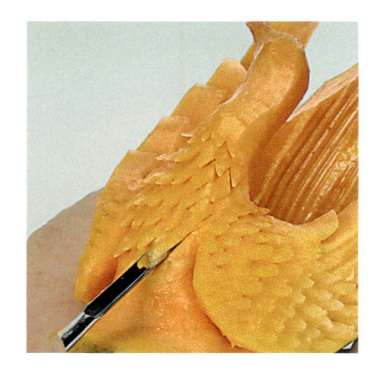

Kerne entfernen und Frucht hinter dem Vogelrumpf aushöhlen. Aus den Seitenrändern mit dem Thai-Messer Flügel herausschneiden.

Remove the seeds and scoop out the fruit behind the bird's body. Cut out wings from the side edge using the Thai knife.

Enlevez les noyaux et évidez le fruit derrière le jabot de l'oiseau. Extrayez l'aile des bords latéraux à l'aide du couteau thaïlandais.

Eliminare i semi e scavare un po' di polpa dal tronco del volatile. Ritagliare le ali dai bordi laterali servendosi del coltello Thai.

Retirar las semillas y ahuecar la fruta detrás del fuselaje del pájaro. Recortar las alas de los bordes laterales con el cuchillo tailandés.

06

An der Flügeloberfläche bis etwa zur Hälfte mit dem Rundmeißel Federn herausstechen.

Carve feathers on the top of the wings up to about half-way using the round chisel.

Extrayez, à l'aide du burin rond, des plumes de la surface de l'aile jusqu'à mi-hauteur environ.

Utilizzando lo scalpello circolare intagliare le penne nella superficie delle ali, all'incirca fino a metà.

Extraer con el cincel redondo plumas en la superficie de las alas, hasta aproximadamente la mitad.

07

An den Schwungfedern mit Hilfe des Schnitzmessers V1 Mittelrillen einschneiden.

Using paring knife V1 to carve centre ridges in the wing feathers.

Incisez des rainures médianes sur les plumes primaires à l'aide de la gouge V1.

Incidere sulle penne maestre delle scanalature centrali con l'aiuto di un coltello da intaglio V1.

En las alas de impulso macar ranuras centrales con ayuda del cuchillo de tallado V1.

08

Am restlichen Vogelkörper sowie an der Brust weitere Federn herausarbeiten.

Carve further feathers on the rest of the bird's body and on the breast.

Réalisez d'autres plumes sur le reste du corps de l'oiseau ainsi que sur le jabot.

Ricavare altre penne dal resto del corpo e dal petto del volatile.

El el cuerpo restante del pájaro así como en el pecho, extraer otras plumas.

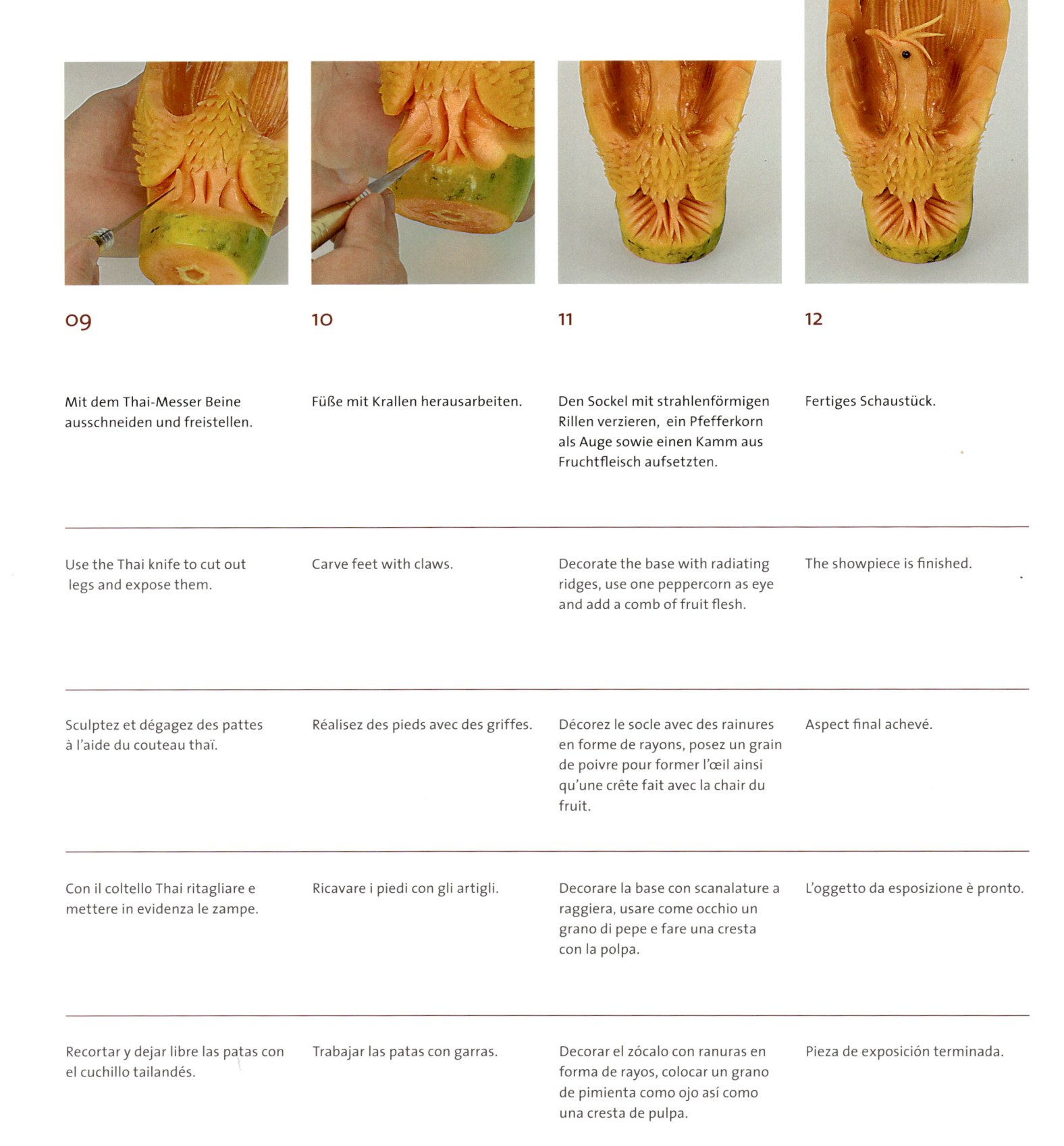

PAPAYA-VOGEL / PAPAYA BIRD / OISEAU EN PAPAYE / UCCELLO DI PAPAIA / PÁJARO DE PAPAYA

09

10

11

12

Mit dem Thai-Messer Beine ausschneiden und freistellen.

Füße mit Krallen herausarbeiten.

Den Sockel mit strahlenförmigen Rillen verzieren, ein Pfefferkorn als Auge sowie einen Kamm aus Fruchtfleisch aufsetzten.

Fertiges Schaustück.

Use the Thai knife to cut out legs and expose them.

Carve feet with claws.

Decorate the base with radiating ridges, use one peppercorn as eye and add a comb of fruit flesh.

The showpiece is finished.

Sculptez et dégagez des pattes à l'aide du couteau thaï.

Réalisez des pieds avec des griffes.

Décorez le socle avec des rainures en forme de rayons, posez un grain de poivre pour former l'œil ainsi qu'une crête fait avec la chair du fruit.

Aspect final achevé.

Con il coltello Thai ritagliare e mettere in evidenza le zampe.

Ricavare i piedi con gli artigli.

Decorare la base con scanalature a raggiera, usare come occhio un grano di pepe e fare una cresta con la polpa.

L'oggetto da esposizione è pronto.

Recortar y dejar libre las patas con el cuchillo tailandés.

Trabajar las patas con garras.

Decorar el zócalo con ranuras en forma de rayos, colocar un grano de pimienta como ojo así como una cresta de pulpa.

Pieza de exposición terminada.

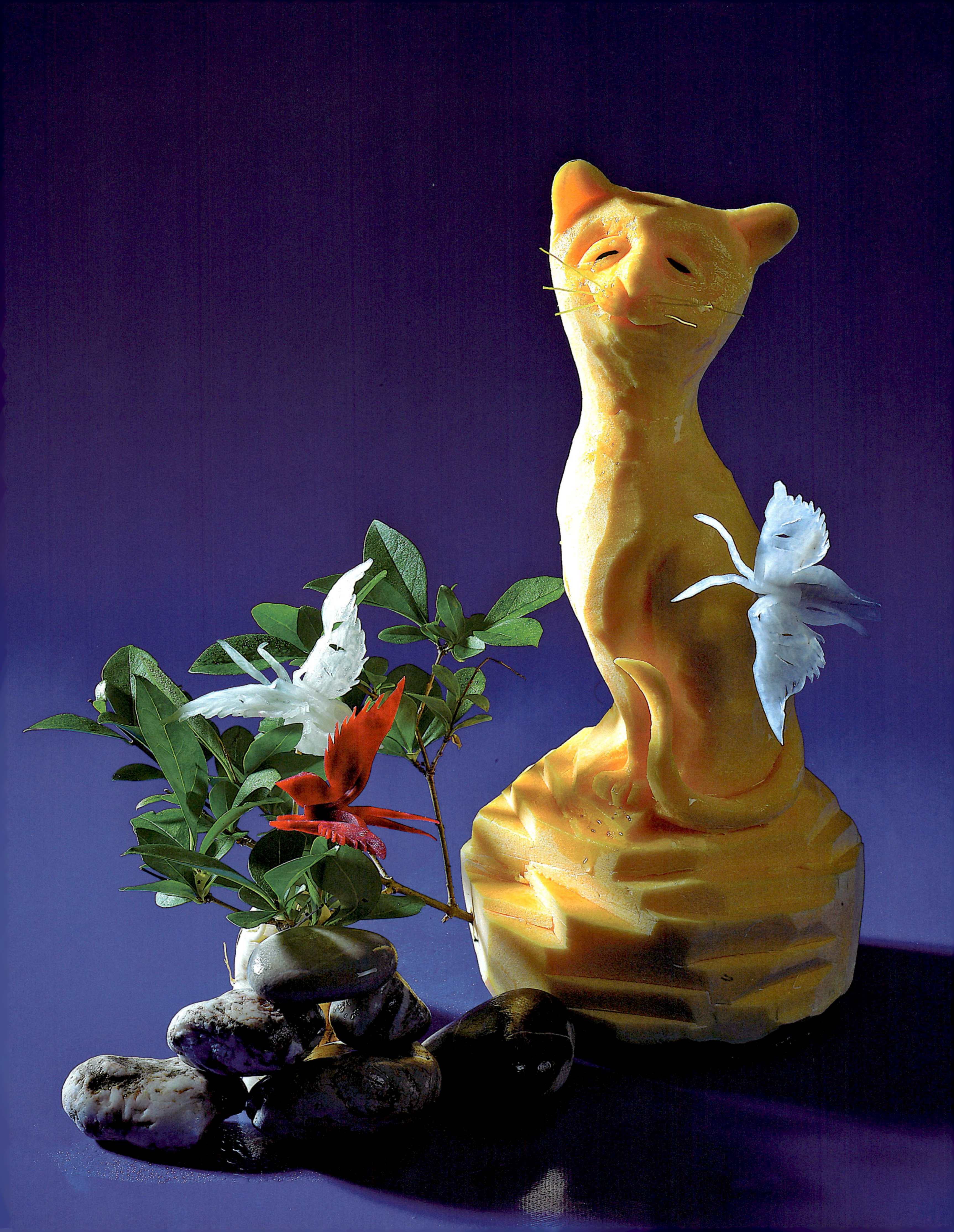

36 PAPAYA-MUSCHEL / PAPAYA SHELL / COQUILLAGE EN PAPAYE / CONCHIGLIA DI PAPAIA / CONCHA DE PAPAYA

Vorbereitung
1 Papaya
Schnitzmesserset
Thai-Messer
Küchenmesser

Preparation
1 papaya
paring knife set
Thai knife
kitchen knife

Préparation
1 papaye
Jeu de gouges
Couteau thaï
Couteau de cuisine

Preparazione
1 papaia
Set di coltelli da intaglio
Coltello Thai
Coltello da cucina

Preparación
1 Papaya
Juego de cuchillos de tallado
Cuchillo Tailandés
Cuchillo de cocina

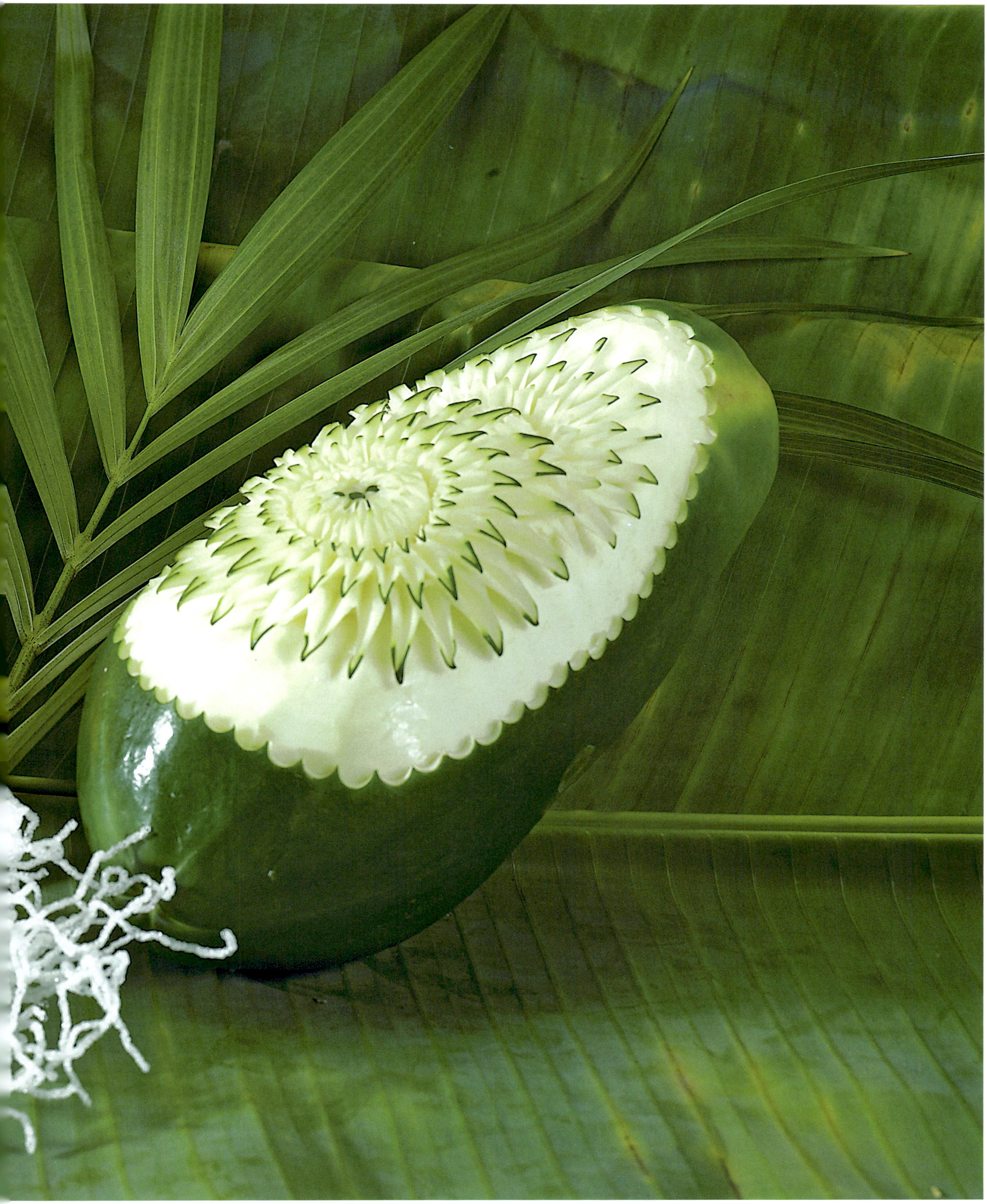

PAPAYA-MUSCHEL / PAPAYA SHELL / COQUILLAGE EN PAPAYE / CONCHIGLIA DI PAPAIA / CONCHA DE PAPAYA

01
Frucht in der Länge und in der Breite etwa bis zur Hälfte schälen.

02
Im vorgegebenen Schnitzbereich mit dem Küchenmesser 9 Segmente einritzen.

03
Mit dem Schnitzmesser V1 die Einschnitte zu Rillen verbreitern.

04
Abrunden der Zwischenrillensegmente durch Haltung des Rundmeißels 3 mit der abgerundeten Seite nach oben.

Peel about half the fruit lengthwise and across.

With the kitchen knife cut 9 segments in the peeled surface.

Use paring knife V1 to carve the cuts into ridges.

Round off the ridges using round chisel 3, holding the rounded side upwards.

Épluchez le fruit en longueur et en largeur environ jusqu'à mi-hauteur.

Gravez, à l'aide du couteau de cuisine, 9 segments dans la zone prévue pour la sculpture.

À l'aide de la gouge V1, élargissez les encoches pour en faire des rainures.

Arrondissement des segments de rainures intermédiaires en tenant le burin rond 3 avec le côté arrondi vers le haut.

Sbucciare il frutto all'incirca fino a metà della lunghezza e della larghezza.

Incidere 9 segmenti nella parte prestabilita per l'intaglio, servendosi del coltello da cucina.

Allargare le incisioni in scanalature, utilizzando il coltello da intaglio V 1.

Smussare i segmenti tra le scanalature tenendo verso l'alto la parte arrotondata dello scalpello circolare 3.

Pelar la fruta a lo largo y a lo ancho hasta aproximadamente la mitad.

En el área de tallado predeterminado marcar 9 segmentos con un cuchillo de cocina.

Ensanchar los cortes a ranuras con el cuchillo de tallado V1.

Redondeado de los segmentos de ranuras intermedias mediante mantenimiento del cincel redondo 3 con el lado ranurado hacia arriba.

05

Am Rand der obersten Rille einen etwa 1 cm breiten Streifen auslösen.

Pare off a strip about 1 cm thick from the uppermost ridge.

Détachez des bandes d'environ 1 cm de large du bord de la rainure supérieure.

Estrarre una striscia larga circa 1 cm dal bordo della scanalatura più alta.

En el borde de la ranura superior separar una tira de aproximadamente 1 cm de ancho.

06

Leicht schräg nach hinten mit der gleichen Technik etwa 5 weitere Rillen erzeugen, so dass eine Spiraloptik entsteht.

Using the same technique form about 5 further ridges slightly slanted downwards, so that it appears as a spiral.

Réalisez environ 5 autres rainures avec la même technique en inclinant légèrement l'ensemble vers l'arrière, de façon à ce qu'apparaisse un aspect en forme de spirale.

Con la stessa tecnica, inclinando leggermente all'indietro, produrre circa 5 altre scanalature, in modo che risulti un effetto a spirale.

Con la misma técnica, crear unas otras 5 ranuras ligeramente inclinadas hacia atrás, de manera que se genere una óptica de espiral.

07

Papaya bis zum Ende schälen.

Peel papaya to the end.

Épluchez la papaye jusqu'au bout.

Sbucciare completamente la papaia.

Pelar la papaya hasta el final.

08

Mit Hilfe des Küchenmessers mit einer doppelten Linie die Öffnung der Muschel vorzeichnen.

Use the kitchen knife to trace out the opening of the shell as a double line.

Prédessinez, à l'aide du couteau de cuisine, l'ouverture du coquillage avec une ligne double.

Servendosi del coltello da cucina disegnare l'apertura della conchiglia con una doppia linea.

Con ayuda del cuchillo de cocina predelinear con una línea doble, la abertura de la concha.

40 PAPAYA-MUSCHEL / PAPAYA SHELL / COQUILLAGE EN PAPAYE / CONCHIGLIA DI PAPAIA / CONCHA DE PAPAYA

09

10

11

12

An der äußeren Randlinie entlang einen schmalen Streifen Fruchtfleisch auslösen.

An der inneren Linie ebenso verfahren, dabei alle Kanten etwas abrunden.

Der Frucht mit dem Küchenmesser eine muschelartige Form geben, vorderes Ende spitz zulaufen lassen.

Die Seiten bis zur Spitze verzieren, dazu mit dem Rundmeißel kleine Schuppen ausstechen.

Cut out a narrow strip of fruit along the outside edge of the line.

Do the same along the inside of the line and round off all edges a little.

Use the kitchen knife to carve the form of a shell. Make the front end taper away to a point.

Decorate the sides towards the pointed end by carving small scales with the round chisel.

Détachez une mince bande de chair du fruit le long de la ligne extérieure du bord.

Procédez de la même manière sur la ligne interne, arrondissez légèrement tous les bords à cette occasion.

Donnez une forme de coquillage au fruit à l'aide du couteau de cuisine, faire en sorte que l'extrémité avant se termine en pointe.

Décorez les côtés jusqu'à la pointe, faites en outre ressortir des petites écailles à l'aide du burin rond.

Estrarre lungo la linea esterna del bordo una striscia sottile di polpa.

Procedere nello stesso modo lungo la linea interna, arrotondando un po' tutti gli angoli.

Utilizzando il coltello da cucina dare al frutto la forma di una conchiglia e all'estremità anteriore una forma appuntita.

Decorare i lati fino alla punta, inoltre scavare delle piccole squame con lo scalpello circolare.

A lo largo de la línea exterior del borde separar una tira delgada de pulpa de fruta.

En la línea interior proceder del mismo modo, en este caso redondear algo todos los cantos.

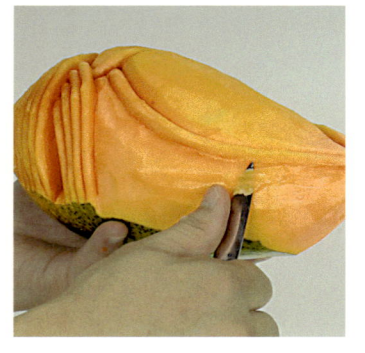

Darle a la fruta una forma de tipo concha con el cuchillo de cocina, dejar converger en punta el extremo delantero.

Decorar los lados hasta la punta, para ello tallar pequeñas escamas con el cincel redondo.

13

14

15

Fertige Verzierung.	Mit dem Thai-Messer Fruchtfleisch aus der Muschelöffnung auslösen und Kerne der Papaya entfernen.	Fertiges Schaustück.
Decoration is finished.	Use the Thai knife to scoop out the fruit flesh from the shell opening and then remove the core of the papaya.	Showpiece is finished.
Décoration achevée.	À l'aide du couteau thaï, détachez la chair du fruit de l'ouverture du coquillage et retirez les noyaux de la papaye.	Aspect final achevé.
Decorazione ultimata.	Con il coltello Thai estrarre la polpa dall'apertura della conchiglia e togliere i semi di papaia.	La conchiglia è pronta.
Decoración terminada.	Con el cuchillo tailandés, soltar la pulpa de la abertura de la concha y retirar las semillas de la papaya.	Pieza de exposición terminada.

42 MELONE MIT PFAU / MELON WITH PEACOCK / PASTÈQUE AVEC PAON / ANGURIA CON PAVONE / SANDÍA CON PAVO REAL

Vorbereitung
1 Wassermelone
Schnitzmesser V 1
Rundmeißel 1
Thai-Messer
Küchenmesser
Sparschäler

Preparation
1 water melon
paring knife V 1
round chisel 1
Thai knife
kitchen knife
large potato peeler

Préparation
1 pastèque
Gouge V 1
Burin rond 1
Couteau thaï
Couteau de cuisine
Grand éplucheur

Preparazione
1 anguria
Coltello da intaglio V 1
Scalpello circolare 1
Coltello Thai
Coltello da cucina
Grosso pela-patate

Preparación
1 Sandía
Cuchillo de tallado V 1
Cincel redondo 1
Cuchillo Tailandés
Cuchillo de cocina
Pelador económico grande

| 01 | 02 | 03 |

Melone bis etwa zur Hälfte schälen.	Körperform des Pfaus vorzeichnen.	Vogelform durch Entfernen des dahinterliegenden Fruchtfleisches freistellen, dabei darauf achten, dass man noch im weißen Bereich des Fruchtfleisches bleibt.
Peel half of the side of the melon.	Trace the body form of a peacock.	Remove the fruit from behind this to expose the form of the bird. Be careful to cut only the white part of the fruit.
Épluchez la pastèque jusqu'à moitié environ.	Prédessinez la forme du corps du paon.	Dégagez la forme de l'oiseau en retirant la chair du fruit se trouvant derrière, veillez à cette occasion à rester dans la partie blanche de la chair du fruit.
Sbucciare circa metà dell'anguria.	Disegnare la struttura del corpo del pavone.	Ricavare la sagoma del volatile togliendo la polpa retrostante e facendo tuttavia attenzione che ne rimanga ancora nella zona bianca.
Pelar la sandía aproximadamente hasta la mitad.	Predelinear la forma del pavo real.	Liberar la forma del pájaro retirando la pulpa que se encuentra por detrás, en este caso observar, de permanecer aún en la zona blanca de la pulpa.

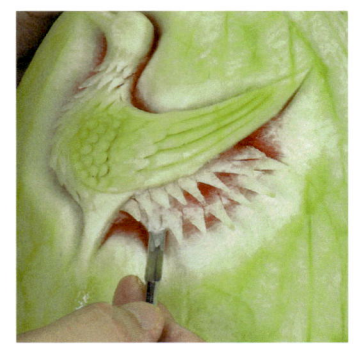

04

Am Flügel mit Hilfe des Schnitzmessers V1 Federn ausstechen, im Bereich des Halses den Rundmeißel benutzen. Zum Schwanz hin länger werdend die Schwungfedern mit dem Thai-Messer ausschneiden.

Use paring knife V1 to carve feathers in the wings; use round chisel 1 in the neck area. With the Thai knife carve the wing feathers so that they get longer towards the tail.

Faites ressortir des plumes sur l'aile à l'aide de la gouge V1, utilisez le burin rond dans la zone du cou. Extrayez, à l'aide du couteau thaï, les plumes primaires en les allongeant vers la queue.

Ricavare le penne delle ali con l'aiuto del coltello da intaglio V1, mentre nella zona del collo utilizzare lo scalpello circolare. Per ottenere penne più lunghe in direzione della coda ritagliare le penne maestre con il coltello Thai.

En las alas tallar plumas con ayuda del cuchillo de tallado V1, en el área del cuello emplear el cincel redondo. Hacia la cola más largos, recortar las plumas de impulso con el cuchillo tailandés.

05

Unterhalb des Schwanzes mit dem Schnitzmesser V1 2 Reihen spitze Federn ausstechen.

Below the tail use paring knife V1 to carve out 2 rows of pointed feathers.

Faites ressortir, à l'aide de la gouge V1, 2 rangées de plumes pointues en dessous de la queue.

Utilizzando il coltello da intaglio V1 scavare sotto la coda 2 file di penne appuntite.

Por debajo de la cola, tallar con el cuchillo de tallado V1 2 filas de plumas en punta.

06

Unterhalb der Federn mit dem Thai-Messer eine Reihe Halbkreise bis auf das rote Fruchtfleisch ausstechen, diese durch Entfernen des umgebenden Fruchtfleisches freistellen.

Below the feathers use the Thai knife to cut out a row of half circles to the depth of the red fruit and expose these by removing the fruit surrounding them.

Faites ressortir en-dessous des plumes, à l'aide du couteau thaï, une rangée de demi-cercles jusque sur la chair rouge du fruit, dégagez ces derniers en retirant la chair du fruit située tout autour.

Con l'aiuto del coltello Thai, scavare sotto le penne una fila di semicerchi fino alla polpa rossa ed evidenziarli togliendo la polpa circostante.

Por debajo de las plumas tallar con el cuchillo tailandés una serie de semicírculos hasta la pulpa roja, dejar libre esta retirando la pulpa del entorno.

07

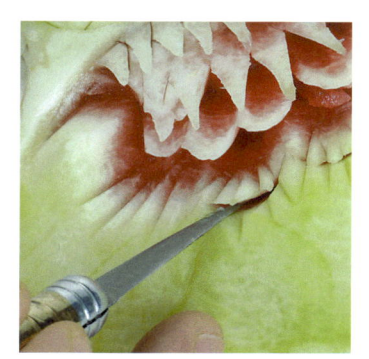

Eine weitere Reihe Halbkreise versetzt ausstechen, diese mit dem Thai-Messer fächerförmig einkerben und freistellen.

Carve a further row of half circles next to them, make ridges in these with the Thai knife so that they are fan-shaped and expose them.

Faites ressortir une autre rangée décalée de demi-cercles, incisez et dégagez ces derniers en forme de degrés à l'aide du couteau thaï.

Ricavare un'ulteriore fila di semicerchi in ordine sfasato e con l'ausilio del coltello Thai intagliarli a ventaglio ed evidenziarli.

Tallar otra fila de semicírculos, hacer una muesca en forma de abanico con el cuchillo tailandés y dejar libre.

08

Mit der gleichen Technik 5 weitere Reihen herausarbeiten, jedoch versetzt und nach unten größer werdend.

Use the same technique to form a further 5 rows which should be offset and becoming bigger towards the bottom.

Réalisez, avec la même technique, 5 autres rangées, toutefois décalées et s'agrandissant vers le bas.

Con la stessa tecnica ricavare altre 5 file sempre in ordine sfasato, che si ingrandiscono scendendo verso il basso.

Con la misma técnica extraer otras 5 filas, no obstante desplazadas y agrandadas hacia abajo.

09

Durch Entfernen des Randes den gesamten Vogel freistellen.

Remove the edge to expose the whole bird.

Dégagez l'oiseau complet en retirant le bord.

Tagliando il bordo, mettere in evidenza la forma dell'intero volatile.

Retirando el borde, dejar libre el pájaro completo.

46 MELONE MIT PFAU / MELON WITH PEACOCK / PASTÈQUE AVEC PAON / ANGURIA CON PAVONE / SANDÍA CON PAVO REAL

10

11

12

Rand des gesamten Ornamentes mit Hilfe des Schnitzmessers v-förmig einschneiden.

Das zwischen den entstandenen Dreiecken liegende Fruchtfleisch auslösen.

Fertiges Ornament.

Use the paring knife to make V-shaped cuts round the whole showpiece.

Cut out the remaining fruit between the triangles.

Showpiece is finished.

Incisez le bord de l'ornement complet à l'aide de la gouge en V.

Détachez la chair du fruit se trouvant entre les triangles apparus.

Ornement achevé.

Intagliare a V il bordo dell'intero ornamento, con l'aiuto del coltello da intaglio.

Staccare la polpa rimasta tra i triangoli che si sono formati.

L'oggetto ornamentale è pronto.

Marcar el borde con el ornamento completo en forma de v con ayuda del cuchillo de tallado.

Separar la pulpa que se encuentra entre los triángulos creados.

Ornamento terminado.

13

Einen Kamm aus einem Fruchtrest schnitzen und anbringen sowie ein Pfefferkorn als Auge einsetzen.

Carve a comb from the remaining pieces of fruit and attach it. Likewise insert a pepper corn as eye.

Sculptez et posez une crête à partir du reste du fruit, et insérez un grain de poivre pour former les yeux.

Intagliare e fissare una cresta con i resti di polpa e utilizzare un chicco di pepe come occhio.

Tallar una cresta de un resto de fruta y aplicarla así como colocar granos de pimienta como ojos.

48 MELONE MIT 2 SCHWÄNEN / MELON WITH 2 SWANS / PASTÈQUE AVEC 2 CYGNES / ANGURIA CON 2 CIGNI / SANDÍA CON 2 CISNES

Vorbereitung
1 Wassermelone
Schnitzmesserset
Thai-Messer
Küchenmesser
Sparschäler

Preparation
1 water melon
paring knife set
Thai knife
kitchen knife
potato peeler

Préparation
1 pastèque
Jeu de gouges
Couteau thaï
Couteau de cuisine
Eplucheur

Preparazione
1 anguria
Set di coltelli da intaglio
Coltello Thai
Coltello da cucina
Pela-patate

Preparación
1 Sandía
Juego de cuchillos de tallado
Cuchillo Tailandés
Cuchillo de cocina
Pelador económico

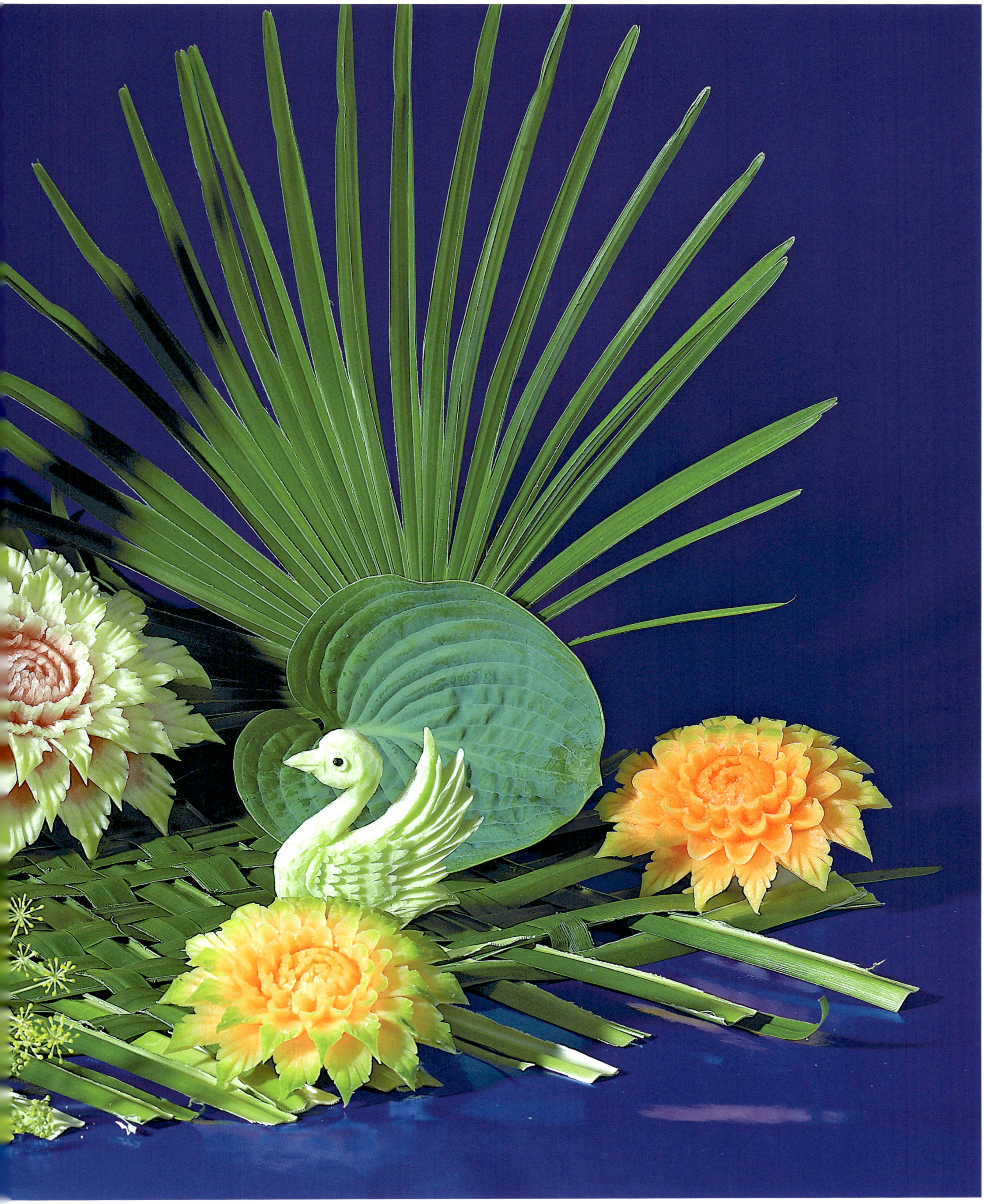

MELONE MIT 2 SCHWÄNEN / MELON WITH 2 SWANS / PASTÈQUE AVEC 2 CYGNES / ANGURIA CON 2 CIGNI / SANDÍA CON 2 CISNES

01
02
03
04

Melone etwa bis zur Hälfte schälen.

Umrisse von 2 Schwänen vorzeichnen.

Umrisse mit dem Thai-Messer einschneiden und Figur auslösen.

Mit dem Schnitzmesser V1 am gesamten Vogelkörper Federn ausstechen, die Schwungfedern plastisch herausarbeiten und Pfefferkörner als Augen einsetzten.

Peel a melon half way.

Trace the outline of 2 swans.

Cut out behind the outline using the Thai knife and expose the figure.

Using paring knife V1 carve the entire body feathers, form the wing feathers prominently and set peppercorns as eyes.

Épluchez la pastèque jusqu'à moitié environ.

Prédessinez les esquisses de 2 cygnes.

Incisez les esquisses à l'aide du couteau thaï et détachez la figure.

À l'aide de la gouge V1, faites ressortir les plumes sur l'ensemble du corps de l'oiseau, réalisez les plumes primaires plastiquement et insérez des grains de poivre pour former les yeux.

Sbucciare l'anguria all'incirca fino a metà.

Tracciare i contorni di 2 cigni.

Tagliare i contorni con il coltello Thai e ricavare la figura.

Ricavare le penne su tutto il corpo utilizzando il coltello da intaglio V1, lavorare in rilievo le penne maestre e usare dei chicchi di pepe come occhi.

Pelar la sandía aproximadamente hasta la mitad.

Predelinear los contornos de 2 cisnes.

Ranurar los contornos con el cuchillo tailandés y separar la figura.

Con el cuchillo de tallado V1 tallar plumas en el cuerpo completo del pájaro, trabajar plásticamente las plumas de impulso y utilizar granos de pimienta como ojos.

05

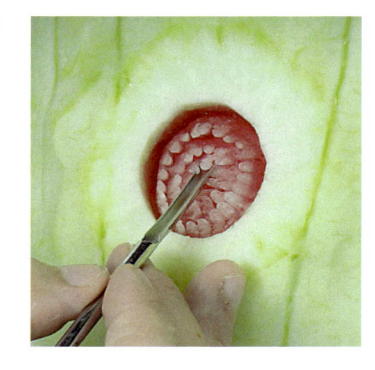

Unterhalb der Schwäne mittig einen flachen Kreis ausschneiden.

Beneath the swan cut out a shallow, round piece of melon.

Extrayez au milieu un cercle plat en dessous des cygnes.

Sotto i cigni ritagliare centralmente un cerchio piatto.

Debajo de los cisnes recortar en el centro un círculo plano.

06

Innerhalb des Kreises einen kleineren Kreis heraus schneiden, die Kreisfläche bis auf das rote Fruchtfleisch leicht abrunden.

Within this circle cut out a smaller, circular piece and trim down to the red fruit.

Découpez un cercle plus petit à l'intérieur du cercle, arrondissez légèrement la surface du cercle jusqu'à la chair rouge du fruit.

Ritagliare all'interno del cerchio un cerchio più piccolo, smussare leggermente la superficie rotonda fino alla polpa rossa.

Dentro del círculo recortar un círculo más pequeño, redondear la superficie del círculo hasta le pulpa roja.

07

Bis zum Zentrum der Kreisfläche mit dem Rundmeißel 1 Blütenblätter ausstechen und durch Entfernen des dahinterliegenden Fruchtfleisches freistellen.

Use the round chisel to carve out petals and expose these by cutting away the fruit behind them.

Faites ressortir 1 pétale de fleur jusqu'au centre de la surface du cercle à l'aide du burin rond, et dégagez-le en retirant la chair du fruit se trouvant derrière.

Con lo scalpello 1 scavare dei petali fino al centro della superficie circolare e metterli in risalto togliendo la polpa retrostante.

Tallar pétalos hasta el centro de la superficie circular con el cincel redondo 1 y dejarlos libres eliminando la pulpa que se encuentra por detrás.

08

Am äußeren Rand mit dem Rillmeißel einen Blütenblätterkreis ausstechen.

Use the groove chisel to carve out a ring of petals at the very outside edge.

Faites ressortir un cercle de pétales de fleur sur le bord extérieur à l'aide du burin à rainures.

Servendosi dello scalpello per le scanalature scavare un cerchio di petali sul bordo esterno.

Tallar un círculo de pétalos en el borde exterior con el cincel de ranurado.

52 MELONE MIT 2 SCHWÄNEN / MELON WITH 2 SWANS / PASTÈQUE AVEC 2 CYGNES / ANGURIA CON 2 CIGNI / SANDÍA CON 2 CISNES

09

10

11

Mit dem nächstgrößeren Instrument auf die gleiche Weise eine weitere Blütenblätterreihe ausstechen, dahinter mit dem Thai-Messer eine spitze Blattform ausschneiden und diese mit dem Schnitzmesser V1 verzieren.

Blätter freistellen.

Freigestellte Blätter noch etwas tiefer herausarbeiten, Fläche mit dem Schnitzmesser rillenförmig verzieren.

Using the next sized tool carve out a further ring of petals in the same way. Behind these use the Thai knife to carve out a pointed leaf form and decorate this using paring knife V1.

Expose the leaves.

Cut away the surrounding fruit of the leaves a little deeper and decorate this surface with grooves using the grooved chisel.

Faites ressortir de la même manière une rangée de pétales à l'aide du plus gros instrument disponible ensuite, extrayez derrière une forme de feuille pointue à l'aide du couteau thaï et décorez cette dernière à l'aide de la gouge V1.

Dégagez les feuilles.

Approfondissez encore légèrement les feuilles dégagées, décorez la surface avec des formes de rainures à l'aide de la gouge.

Utilizzando una misura più grossa scavare nello stesso modo un'altra fila di fiori, con il coltello Thai ritagliare dietro una foglia appuntita e decorarla con il coltello da intaglio V1.

Evidenziare le foglie.

Intagliare più in profondità le foglie ottenute, effettuare scanalature ornamentali sulle superfici utilizzando il coltello da intaglio.

Con el instrumento mayor siguiente tallar del mismo modo otra fila de pétalos, detrás, con el cuchillo tailandés recortar una forma de hoja en punta y decorar esta con el cuchillo de tallado V1.

Dejar libres los pétalos.

Trabajar algo más hacia fuera los pétalos libres, decorar en forma de ranura la superficie con el cuchillo de tallado.

12

Mit dem Thai-Messer aus der gerillten Fläche versetzt zur ersten Blattreihe eine etwas größere Blattreihe herausschneiden und freistellen.

Use the Thai knife to carve out a slightly bigger row of leaves offset to the first row and expose this.

Extrayez et dégagez de la surface rainurée, à l'aide du couteau thaï, une rangée de feuilles légèrement plus grande décalée par rapport à la première.

Con il coltello Thai ritagliare e ricavare dalla superficie scanalata una fila di foglie leggermente più grandi, sfasate leggermente rispetto alle prime.

Recortar y dejar libre de la superficie ranurada con el cuchillo tailandés una fila de pétalos algo más grandes desplazada con relación a la primera.

13

Mit der gleichen Technik eine noch größere Blattreihe ausschneiden. Hintergrund noch einmal großflächig freischneiden.

With the same technique cut out a larger row of leaves. Expose this by cutting away the fruit extensively.

Extrayez avec la même technique une rangée de feuilles encore plus grande. Dégagez l'arrière-plan encore une fois sur une grande surface.

Ritagliare con la stessa tecnica una fila di foglie ancora più grandi. Tagliare liberamente la superficie dello sfondo a grande superficie.

Con la misma técnica recortar una fila pétalos aún mayor. Dejar libre una vez más el fondo sobre una gran superficie.

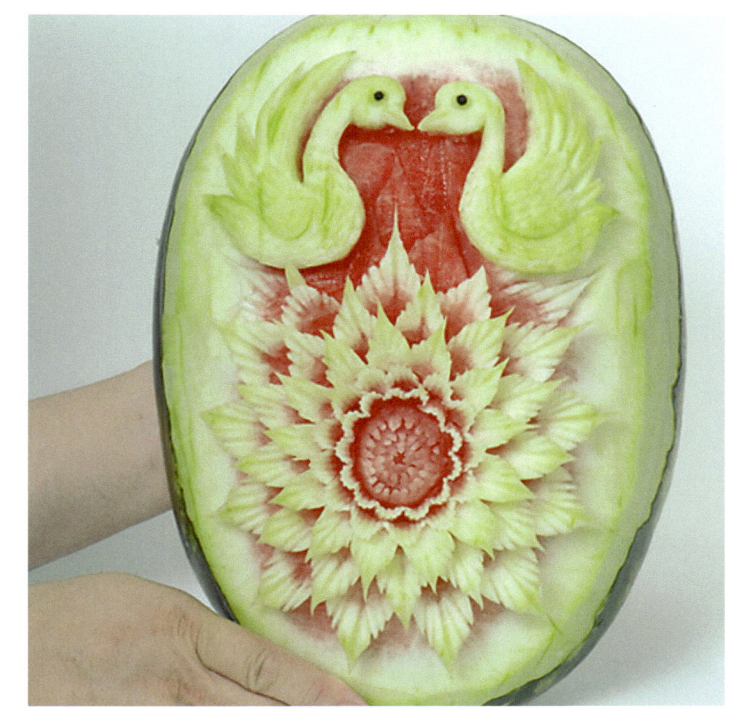

THAI-BLUME / THAI FLOWER / FLEUR THAÏ / FIORE THAI / FLOR TAILANDESA

VORBEREITUNG
1 Wassermelone
Schnitzmesser V1
Rundmeißel 1
Thai-Messer
Küchenmesser
Sparschäler

PREPARATION
1 water melon
paring knife V1
round chisel 1
Thai knife
kitchen knife
potato peeler

PRÉPARATION
1 pastèque
Gouge V1
Burin rond 1
Couteau thaï
Couteau de cuisine
Eplucheur

PREPARAZIONE
1 anguria
Coltello da intaglio V 1
Scalpello circolare 1
Coltello Thai
Coltello da cucina
Pela-patate

PREPARACIÓN
1 Sandía
Cuchillo de tallado V1
Cincel redondo 1
Cuchillo Tailandés
Cuchillo de cocina
Pelador económico

01
02
03
04

Melone etwa bis zur Hälfte abschälen.

Mittig einen Kreis aufzeichnen, diesen mit dem Thai-Messer tief einschneiden.

Außenlinie des Kreises leicht schräg verbreitern, so dass das rote Fruchtfleisch zu sehen ist.

Die Umrisse von 6 Blättern einteilen, diese leicht herzförmig ausarbeiten.

Peel the melon half way.

Trace a circle round the middle and make a deep cut in it using the Thai knife.

Widen the outer edge with a slightly slanted cut to expose the red fruit.

Arrange the outline of 6 petals and form them to heart shapes.

Epluchez la pastèque jusqu'à moitié environ.

Dessinez un cercle au milieu, incisez profondément ce dernier à l'aide du couteau thaï.

Elargissez la ligne extérieure du cercle en inclinant légèrement l'ensemble de façon à ce qu'on puisse voir la chair rouge du fruit.

Séparez les esquisses de 6 feuilles, réalisez ces dernières légèrement en forme de cœur.

Sbucciare circa metà dell'anguria.

Disegnare un cerchio nel centro e inciderlo profondamente con il coltello Thai.

Allargare la linea esterna del cerchio leggermente in obliquo, in modo tale da rendere visibile la polpa rossa del frutto.

Tracciare i contorni di 6 foglie, accennando leggermente ad una forma di cuore.

Pelar la sandía aproximadamente hasta la mitad.

Delinear un círculo sobre el centro, cortar este en profundidad con el cuchillo tailandés.

Ensanchar ligeramente la línea exterior del círculo, de manera que la pulpa roja quede a la vista.

Dividir el contorno de 6 pétalos, trabajar estos con una ligera forma de corazón.

THAI-BLUME / THAI FLOWER / FLEUR THAÏ / FIORE THAI / FLOR TAILANDESA

05

Ellipsenartige Form mit einer Mittellinie als Blattmuster einritzen sowie die Blattkanten abschrägen.

Carve an elliptical form with a centre line as petal shape and cut the edges on the slant.

Gravez une forme d'ellipse avec une ligne médiane en tant que modèle de feuille et taillez en biais les bords de la feuille.

Come modello di foglia intagliare una forma ellittica con una linea centrale e tagliarne obliquamente gli angoli.

Grabar una forma de tipo de elipse con una línea central como muestra de pétalos así como cortar oblicuamente los cantos de las mismas.

06

Abgeschrägte Blattkanten mit dem Schnitzmesser V1 einkerben.

Cut grooves in the petal edges using paring knife V1.

Incisez les bords de la feuille taillés en biais à l'aide de la gouge V1.

Intagliare gli angoli obliqui della foglia con il coltello da intaglio V1.

Hacer una muesca en los cantos oblicuos de la hoja con el cuchillo de tallado V1.

07

Ellipse mit dem Thai-Messer auslösen.

Separate the ellipse with the Thai knife.

Détachez l'ellipse à l'aide du couteau thaï.

Estrarre le ellissi servendosi del coltello Thai.

Separar la elipse con el cuchillo tailandés.

08

Fleisch der Blätter noch weiter auslösen, so dass die Spitzen der Blätter in Richtung Zentrum zeigen und in der Mitte eine größere weiße Fläche entsteht.

Release the fruit of the petals further so that the ends of the petals point towards the middle and a large, white surface is created in the middle.

Continuez à détacher la chair des feuilles de façon à ce que les pointes des feuilles soient orientées vers le centre et qu'il apparaisse au milieu une surface blanche assez grande.

Togliere ancora della polpa dalle foglie in modo tale che le punte indichino il centro e nel mezzo ci sia un'ampia zona bianca.

Continuar separando la pulpa de los pétalos, de manera que la punta de los mismaos señalen en dirección al centro y en la mitad se genere un gran superficie blanca.

09

Versetzt zwischen den Blättern eine weitere Blattreihe herausschneiden und mit dem Rundmeißel 1 Rillen einritzen. Vorgang bis zum Zentrum wiederholen.

Äußere Kante versetzt zum inneren Blütenkreis zu einer Blattform erweitern. Jeweils ein Innensegment stehen lassen.

10

Die Blattränder mit dem Thai-Messer rillenförmig verzieren.

11

Äußere Blattkanten durch Entfernen des dahinterliegenden Fruchtfleisches freistellen.

Carve out a further row of petals offset between the petals and make grooves using round chisel 1. Repeat the procedure towards the centre.

Extend the outer edge offset to the inner ring of petals. Leave each inner segment in place.

Decorate the petal edges with grooves using the Thai knife.

Expose the outer petal edges by removing the fruit behind them.

Extrayez une autre rangée de feuilles décalée entre les feuilles et gravez 1 rainure à l'aide du burin rond. Répétez l'opération jusqu'au centre.

Elargissez le bord extérieur décalé vers le cercle intérieur des boutons de fleur afin d'en faire une forme de feuille. Faites en sorte qu'il reste dans chaque cas un segment intérieur.

Décorez les bords des feuilles avec des formes de nervures à l'aide du couteau thaï.

Dégagez les bords extérieurs de la feuille en retirant la chair du fruit se trouvant derrière.

Ritagliare un'altra fila di foglie in posizione sfasata rispetto alle altre e incidere delle scanalature con lo scalpello circolare 1. Ripetere la procedura fino al centro.

Allargare il bordo esterno intagliando delle foglie in posizione sfasata rispetto a quelle all'interno del cerchio e lasciando ogni volta un segmento interno.

Decorare i bordi delle foglie servendosi del coltello Thai.

Ricavare i bordi esterni togliendo la polpa retrostante.

Recortar otra fila de pétalos desplazada entre las anteriores y ranurar con el cincel redondo 1. Repetir el procedimiento hasta el centro.

Ampliar el canto exterior desplazado al círculo interior de pétalos a una forma de hoja. En cada caso dejar intacto un segmento interior.

Decorar los bordes de los pétalos en forma de ranuras con el cuchillo tailandés.

Dejar libres los cantos de los pétalos exteriores retirando la pulpa que se encuentra por detrás.

THAI-BLUME / THAI FLOWER / FLEUR THAÏ / FIORE THAI / FLOR TAILANDESA

12

13

14

Versetzt zu den bereits bestehenden Blättern, wiederum untereinander versetzt, 4 kleinere Blätter ausschneiden und freistellen.

Diese Blätter münden in ein großes Blatt, dessen Form mit dem Thai-Messer vorgegeben wird. Dieses mit Schrägrillen verzieren.

Äußerste Blütenblätter mit dem Thai-Messer freistellen.

Fertige Blüte.

Offset to the petals already made, carve again 4 smaller petals offset, one under the other and expose.

These petals lead to a large petal formed by using the Thai knife. Decorate this petal with slanted grooves.

Expose the outer petals using the Thai knife.

Flower is finished.

Extrayez et dégagez 4 feuilles plus petites décalées par rapport aux feuilles existant déjà, à nouveau décalées les unes par rapport aux autres.

Ces feuilles se terminent en une grande feuille, dont la forme préalable est donnée à l'aide du couteau thaï. Décorez ces dernières à l'aide de rainures en biais.

Dégagez les pétales de fleur les plus à l'extérieur à l'aide du couteau thaï.

Bouton de fleur achevé.

Ritagliare e ricavare 4 foglie più piccole in posizione sfasata rispetto alle precedenti, sfalsate a loro volta.

Immettere queste foglie in una foglia grande, la cui forma va modellata con il coltello Thai. Decorarla con scanalature oblique.

Evidenziare i petali esterni con il coltello Thai.

Il fiore è pronto.

Recortar y dejar libres desplazados con relación a los pétalos existentes nuevamente 4 pétalos pequeños desplazados entre sí.

Estos pétalos convergen en un pétalo grande, cuya forma se predetermina con el cuchillo tailandés. Decorar esto con ranuras oblicuas.

Dejar libres los pétalos exteriores con el cuchillo tailandés.

Flor terminada.

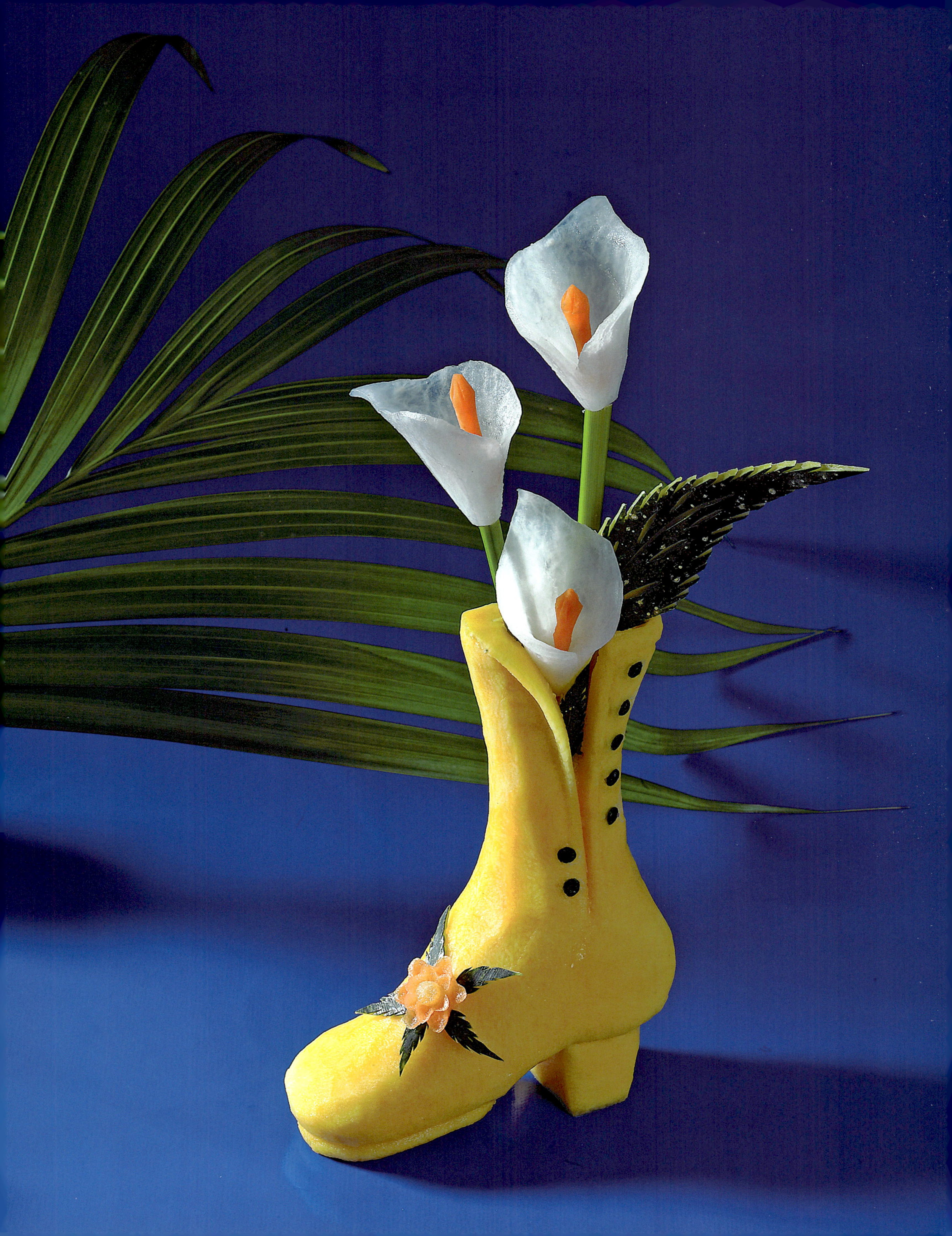

MELONENKORB / MELON BASKET / PANIER EN PASTÈQUES / CESTO DI ANGURIE / CESTA DE SANDÍA

VORBEREITUNG
2 Wassermelonen
Schnitzmesserset
Thai-Messer
Küchenmesser

PREPARATION
2 water melons
paring knife set
Thai knife
kitchen knife

PRÉPARATION
2 pastèques
Jeu de gouges
Couteau thaï
Couteau de cuisine

PREPARAZIONE
2 angurie
Set di coltelli da intaglio
Coltello Thai
Coltello da cucina

PREPARACIÓN
2 Sandías
Juego de cuchillos de tallado
Cuchillo Tailandés
Cuchillo de cocina

61

62 MELONENKORB / MELON BASKET / PANIER EN PASTÈQUES / CESTO DI ANGURIE / CESTA DE SANDÍA

01

Korbform mit Schnitzmesser V1 vorzeichnen.

02

Korbgeflecht mit dem Küchenmesser vorzeichnen und abwechselnd eine Strebe stehen lassen und eine abschälen.

03

Die geschälten Streifen mit Hilfe des Schnitzmessers V1 mit Rillen versehen. Ringsum den Rand einen sehr schmalen Streifen abschälen.

Trace out a basket shape with paring knife V1.

Trace out the basketwork with the kitchen knife and peel alternatively one strip, leaving one strip unpeeled.

Cut ridges in the peeled strips using paring knife V1. Peel off a very narrow strip round the edge.

Prédessinez la forme du panier à l'aide de la gouge V1.

Prédessinez le tressage du panier à l'aide du couteau de cuisine et faites en sorte qu'il reste un montant de façon alternée et épluchez-en un.

Pourvoyez de rainures les bandes épluchées à l'aide de la gouge V1. Epluchez une bande très mince tout autour du bord.

Disegnare la struttura del cesto con il coltello da intaglio.

Con il coltello da cucina disegnare l'intreccio del cesto alternando una striscia di scorza sbucciata ad una non sbucciata.

Incidere delle scanalature sulle strisce sbucciate, servendosi del coltello da intaglio V1. Tutto intorno al bordo asportare una striscia di scorza molto sottile.

Delinear previamente la forma de la cesta con el cuchillo de tallado V1.

Delinear previamente el mimbre de la cesta con el cuchillo de cocina y alternadamente dejar una diagonal y pelar otra.

Realizar ranuras en la tiras peladas con ayuda del cuchillo de tallado V1. En todo su contorno pelar el borde con una tira muy angosta.

04

Den Rand mit dem Rillmeißel verzieren. Evtl. 1x vorstechen, dann vorsichtig vertiefen, um Spannungsbildung zu vermeiden.

Decorate the edge using the ridged chisel. To avoid tension it may be necessary to pre-cut once and then carefully deepen the cut.

Décorez le bord à l'aide du burin à rainures. Percez préalablement éventuellement 1x, puis approfondissez avec précaution afin d'éviter qu'il ne se forme des tensions.

Decorare il bordo con lo scalpello per scanalature. Eventualmente prima incidere e poi scavare cautamente più a fondo per evitare un'eccessiva tensione.

Decorar el borde con el cincel de ranurado. Eventualmente precincelar 1 vez, luego profundizar cuidadosamente para evitar la formación de tensiones.

05

Rest des Fruchtfleisches so auslösen, dass ein Henkel entsteht.

Cut out the rest of the fruit so that a handle is created.

Détachez le reste de la chair du fruit de façon à ce qu'apparaisse une anse.

Togliere il resto della polpa in modo da formare un manico.

Separar el resto de la pulpa de tal manera que se genere una asa.

06

Aus jeder der halbrunden Verzierungen sowie dem geschälten Streifen mit dem kleinen Rundmeißel ein Loch ausstanzen.

Cut out a hole in each of the ridges and in the peeled strips using the small round chisel.

Avec le petit burin rond, percez un trou sur chacune des décorations demi-rondes ainsi que sur chaque bande épluchée.

Ricavare un foro da ciascuna delle decorazioni a semicerchio e dalle strisce sbucciate, utilizzando il piccolo scalpello circolare.

De cada una de las decoraciones semiredondas así como las tiras peladas, troquelar un agujero con un cincel redondo pequeño.

64 MELONENKORB / MELON BASKET / PANIER EN PASTÈQUES / CESTO DI ANGURIE / CESTA DE SANDÍA

07

Aus etwa 1/3 einer weiteren Melone einen Sockel schneiden, diesen an der abgerundeten Seite trichterartig einbuchten.

Take a second melon and cut off about 1/3 of it to make a stand. Cut out the centre in a funnel shape.

Coupez un socle à partir d'environ 1/3 d'une autre pastèque, évasez ce dernier en forme d'entonnoir sur le côté arrondi.

Ottenere una base utilizzando circa un terzo di un'altra anguria e incastrarla a forma di imbuto sulla parte arrotondata.

De aproximadamente 1/3 de otra sandía recortar un zócalo, insertar este en forma de embudo en el lado redondeado.

08

Sockel an der Unterseite mit dem großen Rillmeißel durch Ausstechen von Halbkreisen verzieren.

Decorate the stand at the base by cutting out half circles with the large ridged chisel.

Décorez le socle sur sa face inférieure en faisant ressortir des demi-cercles à l'aide d'un grand burin à rainures.

Decorare il lato inferiore della base con il grande scalpello circolare ritagliando dei semicerchi.

Decorar el zócalo en el lado inferior con el cincel grande de ranuras mediante el tallado de semicírculos.

09

Zur Verzierung mit dem Schnitzmesser V1 Rillen einritzen.

Decorate the stand with ridges using paring knife V1.

Pour décorer, gravez une nervure à l'aide de la gouge V1.

Incidere delle scanalature ornamentali servendosi del coltello da intaglio V1.

Para la decoración grabar ranuras con el cuchillo de tallado V1.

10

11

12

Aus der restlichen Schale schmale Streifen schneiden.

Streifen über Kreuz in die vorgestanzten Löcher stecken.

Fertiger Korb.

Cut small strips from the remaining skin.

Insert the strips crosswise in the holes already made.

Basket is finished.

Coupez une bande étroite à partir de la peau restante.

Enfoncez la bande en croix dans les trous préalablement percés.

Panier achevé.

Tagliare delle strisce sottili con i resti della scorza.

Infilare le strisce nei fori fatti precedentemente, incrociandole fra di loro.

Il cesto è pronto.

De la cáscara restante cortar tiras angostas.

Insertar las tiras de forma cruzada en los agujeros pretroquelados.

Cesta terminada.

66 MELONE MIT HUND / MELON WITH DOG / PASTÈQUE AVEC CHIEN / ANGURIA CON CANE / MELÓN CON PERRO

Vorbereitung
1 Melone
Schablone
Thai-Messer
Küchenmesser
wasserfester Filzstift

Preparation
1 melon
stencil
Thai knife
kitchen knife
indelible felt pen

Préparation
1 pastèque
Motif modèle
Couteau thaï
Couteau de cuisine
Feutre résistant à l'eau

Preparazione
1 anguria
Modello di cane
Coltello Thai
Coltello da cucina
Pennarello indelebile

Preparación
1 Melón
Plantilla
Cuchillo Tailandés
Cuchillo de cocina
Marcador de fibra resistente al agua

67

68 MELONE MIT HUND / MELON WITH DOG / PASTÈQUE AVEC CHIEN / ANGURIA CON CANE / MELÓN CON PERRO

01

02

03

Schablone auflegen und mit wasserfestem Filzstift nachzeichnen.

Linien mit dem Messer nachfahren und um das Motiv eine ovale Form vorzeichnen.

Flächen schälen bis das weiße Fruchtfleisch zu sehen ist.

Place the stencil in position and trace figure with the stencil.

Cut the tracing with the knife and trace an oval form around the figure.

Peel the surfaces only as deep as the white fruit.

Posez le motif modèle et reprenez-le avec un feutre résistant à l'eau.

Reprenez les lignes au couteau et prédessinez une forme ovale autour du motif.

Épluchez les surfaces jusqu'à ce qu'on voit la chair blanche du fruit.

Appoggiare il modello e disegnare il profilo con un pennarello indelebile.

Tracciare le linee con il coltello e abbozzare una forma ovale intorno al disegno.

Sbucciare le superfici fino a rendere visibile la polpa bianca.

Colocar la plantilla y delinear con el marcador de fibra resistente al agua.

Seguir la línea con el cuchillo y alrededor de la figura delinear una forma oval.

Pelar las superficies hasta que pueda verse la pulpa blanca.

04

05

06

Die Umrisse der Figur mit dem Thai-Messer nachfahren, dabei bis zum roten Fruchtfleisch einschneiden.

Mit dem Küchenmesser bis zur vorgezeichneten Linie abschälen.

Fertige Form.

Use the Tai knife to cut out the outline of the figure up to the red fruit.

Use the kitchen knife to peel off up to the prescribed line.

The form is finished.

Reprenez les esquisses de la figure à l'aide du couteau thaï, incisez à cette occasion jusqu'à la chair rouge du fruit.

Epluchez, à l'aide du couteau de cuisine jusqu'à la ligne préalablement dessinée.

Forme achevée.

Seguire i contorni della figura con il coltello Thai, tagliando fino alla polpa rossa.

Con il coltello da cucina togliere la scorza fino alla linea tracciata.

La forma è pronta.

Seguir los contornos de la figura con el cuchillo tailandés, en este caso cortar hasta la pulpa roja.

Pelar hasta la línea predelineada con el cuchillo de cocina.

Forma terminada.

MELONE MIT HUND / MELON WITH DOG / PASTÈQUE AVEC CHIEN / ANGURIA CON CANE / MELÓN CON PERRO

07

08

09

Inneren Bereich mit Hilfe des Küchenmessers mit dekorativen Rillen versehen.

Äußeren Rand des Ovals durch einschnitzen von kleinen Blättern verzieren.

Dieses Schaustück kann durch andere Ornamente und neue Schablonen sehr schön variiert werden, wie hier mit Bambi zu sehen ist.

Inside the surrounding area use the kitchen knife to make decorative ridges.

On the outside of the oval decorate by carving small leaves.

This showpiece can be varied by using other ornaments and different stencils as shown here with the Bambi.

Pourvoyez la partie intérieure de rainures décoratives à l'aide du couteau de cuisine.

Décorez le bord extérieur de l'ovale en sculptant des petites feuilles.

On peut très bien faire varier ce modèle grâce à d'autres ornements et d'autres motifs modèles comme on peut le voir ici avec Bambi.

Effettuare internamente delle scanalature ornamentali servendosi del coltello da cucina.

Decorare il bordo esterno dell'ovale intagliando delle foglioline.

L'oggetto da esposizione può essere diversificato usando altri fregi e nuovi modelli, come in questa immagine del bambi.

Aplicar ranuras decorativas en la zona interior con ayuda del cuchillo de cocina.

Decorar el borde exterior del óvalo mediante el tallado de hojas pequeñas.

Esta pieza de exposición puede ser variada muy bien también con otros ornamentos y nuevas plantillas, como aquí puede verse con el cervatillo.

FLOR DE ONDAS DE MELÓN / FIORE ONDULATO D'ANGURIA / FLEUR ONDULÉE EN PASTÈQUE / MELON WAVY FLOWER / **MELONEN-WELLENBLUME**   71

VORBEREITUNG
1 Melone
Thai-Messer
Küchenmesser
Sparschäler

PREPARATION
1 melon
Thai knife
kitchen knife
potato peeler

PRÉPARATION
1 pastèque
Couteau thaï
Couteau de cuisine
Eplucheur

PREPARAZIONE
1 anguria
Coltello Thai
Coltello da cucina
Pela-patate

PREPARACIÓN
1 Melón
Cuchillo Tailandés
Cuchillo de cocina
Pelador económico

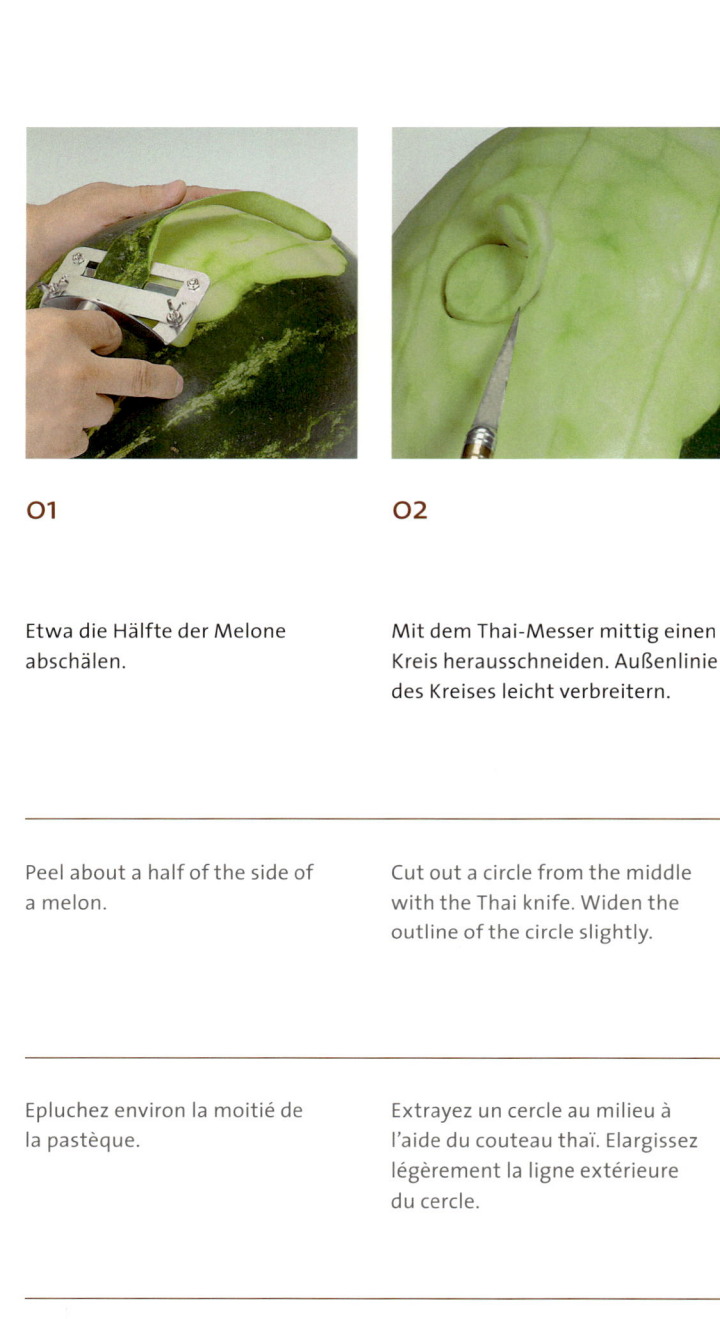

MELONEN-WELLENBLUME / MELON WAVY FLOWER / FLEUR ONDULÉE EN PASTÈQUE / FIORE ONDULATO D'ANGURIA / FLOR DE ONDAS DE MELÓN

01   **02**   **03**

Etwa die Hälfte der Melone abschälen.

Mit dem Thai-Messer mittig einen Kreis herausschneiden. Außenlinie des Kreises leicht verbreitern.

Vom inneren Rand des Kreises in Richtung Zentrum, versetzte Halbkreise herausarbeiten und freistellen, um der Blüte eine geschlossene Optik zu geben.

Äußeren Rand wellenförmig herausarbeiten und durch Entfernen des umgebenden Fruchtfleisches freistellen.

Peel about a half of the side of a melon.

Cut out a circle from the middle with the Thai knife. Widen the outline of the circle slightly.

From the inside edge of the circle, working towards the middle cut offset half circles and expose these to give the flower a closed appearance.

Carve the outer edge wavelike and expose by removing the surrounding fruit.

Epluchez environ la moitié de la pastèque.

Extrayez un cercle au milieu à l'aide du couteau thaï. Elargissez légèrement la ligne extérieure du cercle.

Réalisez et dégagez, en partant du bord intérieur du cercle vers le centre, des demi-cercles décalés pour donner un aspect d'ensemble harmonieux à la fleur.

Réalisez le bord extérieur avec une forme ondulée et dégagez-le en retirant la chair du fruit qui l'entoure.

Sbucciare circa metà dell'anguria.

Ritagliare al centro un cerchio, con il coltello Thai. Allargare leggermente la linea esterna del cerchio.

Dal bordo interno del cerchio ricavare ed evidenziare dei semicerchi spostati verso il centro, per far sembrare il fiore chiuso.

Tracciare una forma ondulata sul bordo e metterla in evidenza eliminando la polpa circostante.

Pelar aproximadamente la mitad del melón.

Cortar un círculo en el centro con el cuchillo tailandés. Ensanchar ligeramente la línea exterior del círculo.

Desde el borde interior del círculo en dirección la centro, extraer y dejar libres semicírculos desplazados, para darle a la flor una óptica cerrada.

Trabajar el borde exterior en forma de ondas y dejar libre retirando la pulpa del entorno.

04

Mit der gleichen Technik 3 weitere Blütenblätterreihen fertigen und die äußerste freistellen, bis das rote Fruchtfleisch sichtbar wird.

05

Für 2 weitere Blüten, links und rechts der ersten Blüte 2 Kreise ausschneiden, wobei der linke etwas näher an der Blüte sein sollte, als der rechte.

06

Blüten auf die gleiche Weise herausarbeiten, anschließend alle Blüten noch einmal großflächig freischneiden.

Use the same technique to make 3 further rows of petals and expose the outside ones by removing surrounding fruit up to where the red fruit becomes visible.

For 2 further flowers to the left and right of the first flower cut 2 circles, whereby the left one should be a little nearer to the flower as the right one.

Expose the flowers in the same way, then expose all flowers in the same way again by cutting away extensively.

Achever avec la même technique 3 autres rangées de pétales de fleur et die dégagez la rangée plus éloignée en détachant la chair du fruit se trouvant derrière jusqu'à ce que la chair rouge du fruit devienne visible.

Extrayez 2 cercles pour 2 autres fleurs, à gauche et à droite de la première fleur, sachant que le cercle de gauche doit être légèrement plus proche de la fleur que le cercle droit.

Réalisez de la même manière des fleurs, dégagez ensuite encore une fois sur une grande surface tous les fleurs en les coupant.

Con la stessa tecnica preparare altre 3 file di petali e far risaltare la più esterna togliendo la polpa retrostante, finché risulti visibile la polpa rossa.

Per ottenere altri 2 fiori, ritagliare 2 cerchi a sinistra e a destra del primo fiore, anche se quello di sinistra dovrebbe essere leggermente più accostato al fiore rispetto a quello di destra.

Elaborare i fiori nello stesso modo ed infine ritagliare un ampio spazio libero intorno ad essi.

Con la misma técnica confeccionar otras 3 filas de pétalos y dejar libre la exterior soltando la pulpa que se encuentra por detrás, hasta que se torne visible la pulpa roja.

Para otras 2 pétalos, recortar 2 círculos a la izquierda y a la derecha del primer pétalo, en donde el pétalo izquierdo debe estar un poco más cerca que el derecho.

Extraer los`pétalos del mismo modo, a continuación cortar y dejar libres todos los pétalos sobre una gran superficie.

MELONEN-WELLENBLUME / MELON WAVY FLOWER / FLEUR ONDULÉE EN PASTÈQUE / FIORE ONDULATO D'ANGURIA / FLOR DE ONDAS DE MELÓN

07

Fertige Blüten.

Flower is finished.

Fleurs achevées.

I fiori sono pronti.

Pétalos terminados.

08

An allen 4 Seiten mit dem Thai-Messer Blattformen ausschneiden, freistellen und im Inneren und an den Rändern mit Rillen verzieren.

Carve leaf forms on all 4 sides using the Thai knife, expose these and decorate with ridges on the inside as well as at the edges.

Extrayez des formes de feuille sur l'ensemble des 4 côtés à l'aide du couteau thaï, dégagez-les et décorez-les de rainures à l'intérieur.

Ritagliare e mettere in evidenza le forme delle foglie con il coltello Thai su tutti i quattro lati, e decorarle, sia all'interno che ai bordi, con delle scanalature.

En los 4 lados recortar formas de hojas con el cuchillo tailandés, dejar libres y en el interior y en los bordes decorarlos con ranuras.

09

Fertiges Schaustück.

Showpiece is finished.

Aspect final achevé.

Ed ecco pronto l'oggetto da esposizione.

Pieza de exposición terminada.

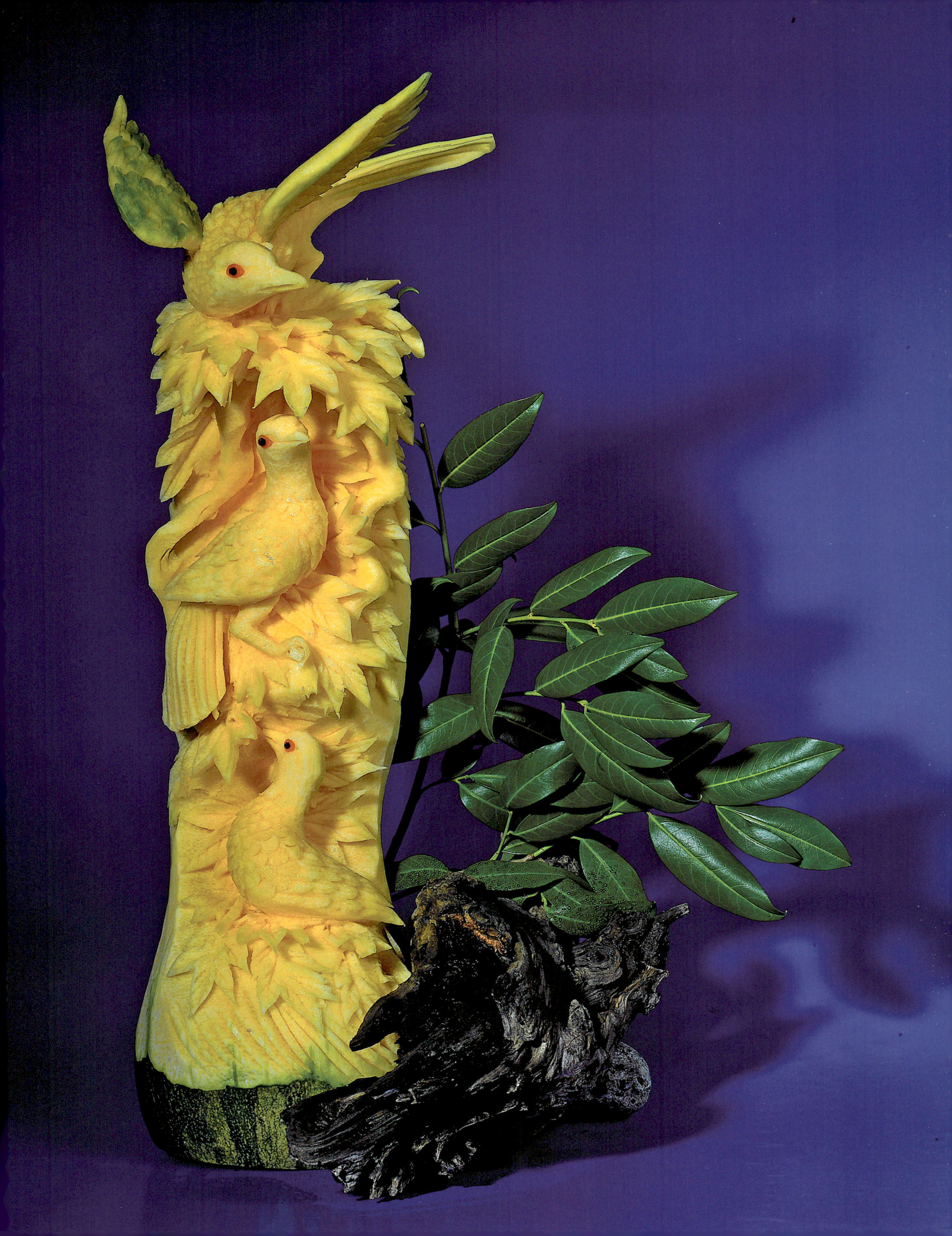

76 RADIESCHEN-BLUME / RADISH FLOWER / FLEUR EN RADIS / FIORE DI RAVANELLO / FLOR DE RABANITO

Vorbereitung
1 Bund Radieschen
Rundmeißel 1
Schnitzmesser V1
Küchenmesser

Preparation
1 bunch of radishes
round chisel 1
paring knife V1
kitchen knife

Préparation
1 botte de radis
Burin rond 1
Gouge V1
Couteau de cuisine

Preparazione
1 mazzo di ravanelli
Scalpello circolare 1
Coltello da intaglio V 1
Coltello da cucina

Preparación
1 manojo de rabanitos
Cincel redondo 1
Cuchillo de tallado V1
Cuchillo de cocina

01

An der Unterseite des Radieschens 5 Flächen schneiden, diese mit dem Küchenmesser einschneiden.

At the bottom of the radish cut off 5 round pieces and make cuts in the radish behind the remaining surfaces using the kitchen knife.

Coupez 5 surfaces sur la face inférieure du radis, incisez ces dernières à l'aide du couteau de cuisine.

Ritagliare 5 alette nella parte inferiore del ravanello intagliandole con il coltello da cucina.

En la parte inferior del rabanito cortar 5 superficies, hacer una incisión en estos con un cuchillo de cocina.

02

Das Fruchtfleisch hinter den Flächen halbrund auslösen, so dass diese freigestellt sind.

Cut out the fruit behind the surfaces in a half circle so that they are exposed.

Détachez en demi-cercle la chair du fruit derrière les surfaces de façon à ce que ces dernières soient dégagées.

Per mettere in risalto le alette, estrarre da dietro la polpa del frutto a semicerchio.

Extraer en semicírculo la pulpa detrás de las superficies, de manera que estas queden libres.

03

Mit dem Schnitzmesser V1 feine Blätter stechen.

Carve fine petals round the fruit using paring knife V1.

Piquez des pétales fins à l'aide de la gouge V1.

Incidere delle sottili foglie con il coltello da intaglio V1.

Con el cuchillo de tallado V1 tallar hojas finas.

RADIESCHEN-BLUME / RADISH FLOWER / FLEUR EN RADIS / FIORE DI RAVANELLO / FLOR DE RABANITO

04

05

Oberen Teil des Radieschens vorsichtig herauslösen, so dass ein Blütenkelch entsteht.

Aus dem abgetrennten Stück mit dem Rundmeißel 1 einen Kreis ausstechen und diesen als Stempel in der Mitte des Blütenkelchs anbringen.

Carefully carve off the upper part of the radish so that a calyx is formed on the remainder.

From the piece which was removed cut off a circular piece as stamen and place it in the middle of the calyx.

Détachez avec précaution la partie supérieure du radis de façon à ce qu'il apparaisse le calice d'une fleur.

Faites ressortir un cercle du morceau séparé à l'aide du burin rond 1 et posez ce dernier, comme un pistil au milieu du calice de la fleur.

Sfilare con cautela la parte superiore del ravanello in modo tale che si formi il calice di un fiore.

Ritagliare un cerchietto dal pezzo staccato servendosi dello scalpello circolare 1 e fissarlo come pistillo nel centro del calice.

Soltar cuidadosamente la parte superior del rabanito, de manera que se forme un cáliz.

De la parte separada, tallar un círculo con el cincel redondo 1 y aplicar este como un pistilo en el centro del cáliz de la flor.

PÁJARO DE RÁBANO / UCCELLO DI RAFANO / OISEAU EN RAIFORT / RADISH BIRD / RETTICH-VOGEL

Vorbereitung
1 Aubergine
1 Gurke
1 Rettich
1 Karotte
Schnitzmesserset
Küchenmesser

Preparation
1 aubergine
1 cucumber
1 radish
1 carrot
paring knife set
kitchen knife

Préparation
1 aubergine
1 concombre
1 raifort
1 carotte
Jeu de gouges
Couteau de cuisine

Preparazione
1 melanzana
1 cetriolo
1 rafano
1 carota
Set di coltelli da intaglio
Coltello da cucina

Preparación
1 Berenjena
1 Pepino
1 Rábano
1 Zanahoria
Juego de cuchillos de tallado
Cuchillo de cocina

RETTICH-VOGEL / RADISH BIRD / OISEAU EN RAIFORT / UCCELLO DI RAFANO / PÁJARO DE RÁBANO

01

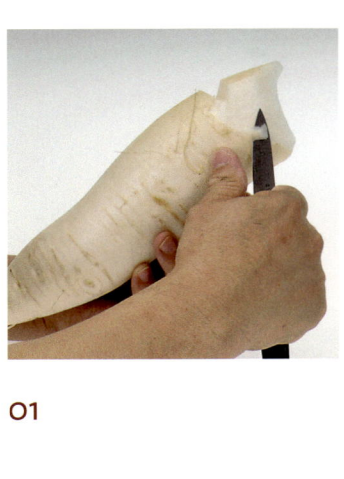

Aus dem breiten Teil des Rettichs grob Kopfform und Schnabel schnitzen.

Carve roughly the head and beak shape from the wide part of the radish.

Sculptez de façon grossière une forme de tête et un bec à partir de la partie large du raifort.

Intagliare approssimativamente la forma della testa e del becco sulla parte larga del rafano.

Tallar la forma de la cabeza y el pico de forma basta de la parte ancha del rábano.

02

Kopfform deutlicher herausarbeiten und Flügelform (Rücken) andeuten.

Form the head more finely and give the rough shape of wings (back).

Réalisez plus nettement la forme de la tête et suggérez la forme d'aile (dos).

Ricavare più chiaramente la forma della testa e abbozzare le ali (dorso).

Trabajar con más detalle la forma de la cabeza y bosquejar la forma de las alas (espalda).

03

Für die Flügel Rettich zunächst seitlich abflachen, dann leicht einbuchten.

For the wings first cut two flat surfaces, then hollow them out slightly.

Aplatissez d'abord le raifort sur le côté pour faire l'aile, puis évasez-le légèrement.

Appiattire dapprima i lati del rafano, poi scavare con delicatezza le ali.

Para las alas, aplanar primero el rábano, luego dejarlo ligeramente cóncavo.

04

Flügel deutlich herausarbeiten.

Carve the wings clearly.

Réalisez l'aile de façon nette.

Mettere le ali in maggiore risalto.

Tallar las alas de forma precisa.

05

An der vorderen Flügelkante beginnend, mit dem kleinen Rundmeißel Federn stechen, dann freistellen.

Beginning at the front edge of the wings, carve feathers using the round chisel, then expose them.

Piquez des plumes à l'aide du petit burin rond en commençant par le bord avant de l'aile, puis dégagez-les.

Partendo dal bordo anteriore delle ali, scavare le penne servendosi dello scalpellino circolare, e poi metterle in evidenza.

Comenzando por el canto delantero de las alas tallar las alas con un pequeño cincel redondo, luego dejar libres.

06

Durch Benutzen der nächstgrößeren Instrumente die Federn nach hinten immer größer werden lassen, die Schwungfedern mit dem Küchenmesser separat schnitzen.

With the next bigger sized tool carve the feathers, which should increase in size towards the rear. Carve the wing feathers separately with the kitchen knife.

Agrandissez sans cesse les plumes vers l'arrière en utilisant le plus gros instrument disponible ensuite, sculptez séparément les plumes primaires à l'aide du couteau de cuisine.

Utilizzando la misura successiva dell'utensile, far diventare sempre più grandi le penne rivolte all'indietro e intagliare le penne maestre separatamente con il coltello da cucina.

Utilizando los instrumentos siguientes mayores, dejar que las alas se hagan cada vez más grandes hacia atrás, tallar las plumas de impulso separadamente con el cuchillo de cocina.

07

Für die Schwanzfedern 2 weitere Reihen stechen und dann freistellen.

For the tail feathers carve 2 more rows and then expose them.

Piquez et puis dégagez 2 autres rangées pour les plumes de la queue.

Per le penne timoniere incidere altre due file e metterle successivamente in evidenza.

Para las plumas de la cola tallar otras 2 filas y luego dejar libres.

08

Rest des Rettichs auf Höhe des Schwanzes abtrennen.

Cut off the rest of the radish at the tail end.

Séparez le reste du raifort à hauteur de la queue.

Separare la parte restante del rafano all'altezza della coda.

Cortar el resto del rábano a la altura de la cola.

82 RETTICH-VOGEL / RADISH BIRD / OISEAU EN RAIFORT / UCCELLO DI RAFANO / PÁJARO DE RÁBANO

09

Körperform mit Hilfe des Küchenmessers zurechtschneiden.

Carve the body shape with the kitchen knife.

Arrangez, en la coupant, la forme du corps à l'aide du couteau de cuisine.

Tagliare con precisione la forma del corpo con l'aiuto del coltello da cucina.

Detallar el corte de la forma del cuerpo con ayuda del cuchillo de cocina.

10

Brustfedern stechen und freistellen.

Carve breast feathers and expose them.

Piquez et dégagez les plumes du jabot.

Scavare e mettere in evidenza le piume pettorali.

Tallar y dejar libres las plumas del pecho.

11

Für den Schwanz jeweils 3 dünne Streifen der Schale einer Aubergine und einer Gurke abschälen sowie 2 etwas längere Karottenstreifen.

For the tail peel 3 thin strips of skin each from a cucumber and an aubergine as well as 2 strips of carrot a little longer.

Pour la queue, épluchez à chaque fois 3 minces bandes de la peau d'une aubergine et d'un concombre ainsi que 2 bandes de carotte légèrement plus grandes.

Per fare la coda, tagliare 3 strisce sottili della buccia di una melanzana e di un cetriolo e 2 strisce leggermente più lunghe di una carota.

Para la cola cortar en cada caso 3 tiras finas de cáscara de una berenjena y un pepino así como 2 tiras de zanahoria algo más largas.

12

Aus den vorbereiteten Gemüsestreifen die Form einer langen Schwanzfeder ausschneiden.

Cut the peeled pieces in the form of a long tail feather.

Extrayez la forme d'une longue plume de queue à partir des bandes préparées du légume.

Dalle strisce di verdure già preparate ritagliare la forma di una penna lunga della coda.

Recortar de las tiras de hortalizas preparadas la forma de una pluma larga de cola.

13

Mit dem Schnitzmesser V 1 eine Mittelrille sowie nach außen gehende Rippen ziehen. Die Außenkanten einkerben.

Using small paring knife V 1 carve a centre groove and ribs pointing outwards. Cut notches into the outer edges.

Avec la petite gouge V 1, tirez une nervure médiane ainsi que des côtes allant vers l'extérieur. Incisez les bords extérieurs.

Utilizzando il coltellino da intaglio V 1 tracciare una scanalatura centrale e delle alette verso l'esterno. Intagliare i bordi esterni.

Con un pequeño cuchillo de tallado V1 extender una ranura central así como nervaduras dirigidas hacia fuera. Realizar muescas en los cantos exteriores.

14

Für die Füße ein Stück der Karotte halbieren und die Form eines dreieckigen Keils herausschneiden.

To make the feet cut a piece of the carrot in half and cut out the shape of a three-cornered wedge.

Pour les pieds, coupez en deux un morceau de la carotte et extrayez la forme d'une section de cône triangulaire.

Per i piedi tagliare a metà un pezzo della carota e ricavare la forma di un cuneo triangolare.

Para las patas cortar al medio una zanahoria y recortar la forma de una cuña triangular.

15

Im oberen Bereich wiederum einen Keil im Winkel von etwa 45° herausschneiden.

In the top part cut out again a wedge with an angle of about 45°.

Extrayez à nouveau une section de cône ayant un angle d'environ 45° dans la partie supérieure.

Ritagliare nuovamente nella parte superiore un cuneo di circa 45° di angolazione.

En la zona superior recortar nuevamente una cuña en un ángulo de unos 45°.

16

Aus diesem Stück, wie abgebildet, die Füße mit Krallen herausschneiden.

Carve the feet and claws in this piece as shown.

Extrayez les pieds avec les griffes de ce morceau comme il est montré.

Ritagliare i piedi con gli artigli da questo pezzo come raffigurato.

De esta pieza recortar las patas con las garras así como se ilustra.

RETTICH-VOGEL / RADISH BIRD / OISEAU EN RAIFORT / UCCELLO DI RAFANO / PÁJARO DE RÁBANO

17

18

19

Aus einer weiteren Karottenscheibe den Kamm ausschneiden sowie zwei Kreise für die Augen. Diese mit 2 Pfefferkörnern für die Pupillen bekleben.

Den Vogel aus den Einzelteilen mit Leim zusammenkleben.

Fertiges Schaustück.

Take another slice of carrot and carve out the comb as well as 2 circles for the eyes. Glue 2 peppercorns to these for the pupils.

Glue all the pieces together to make the bird.

Showpiece is finished.

Extrayez la crête d'une autre rondelle de carotte ainsi que deux cercles pour les yeux. Collez ces derniers avec 2 grains de poivre pour les pupilles.

Assemblez l'oiseau à partir des différentes parties à l'aide de colle.

Aspect final achevé.

Da un'altra fetta di carota ritagliare la cresta e due tondini per gli occhi. Fissarli con la colla insieme a due chicchi di pepe da usare come pupille.

Con la colla fissare insieme le varie parti del volatile.

Ed ecco pronto l'oggetto da esposizione.

De otra rodaja de zanahoria recortar la cresta así como dos círculos para los ojos. Adherir estos con 2 granos de pimienta para las pupilas.

Ensamblar con cola el pájaro a partir de las piezas individuales.

Pieza de exposición terminada.

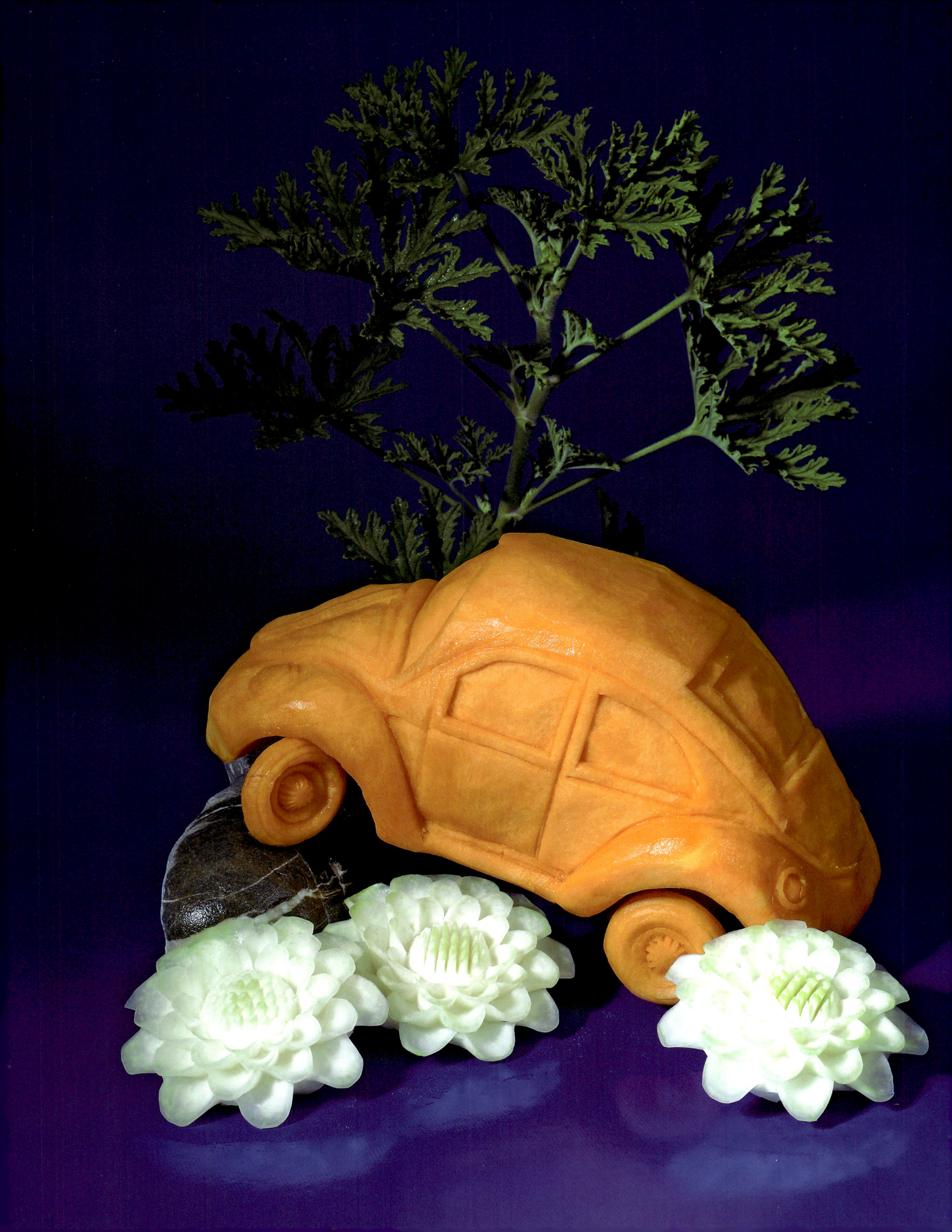

Vorbereitung
1 Rettich
1 Karotte
1 Rote Bete
1 Zucchini
Küchenmesser
großes Wellenmesser
großer Spitzer

Preparation
1 radish
1 carrot
1 beetroot
1 courgette
1 kitchen knife
large corrugated knife
large sharpener

Préparation
1 raifort
1 carotte
1 betterave
1 courgette
Couteau de cuisine
Grand couteau ondulé
Grand taille-crayon

Preparazione
1 rafano
1 carota
1 barbabietola
1 zucchino
Coltello da cucina
grosso taglierino ondulato
grosso temperino

Preparación
1 Rábano
1 Zanahoria
1 Remolacha
1 Calabacín
Cuchillo de cocina
Cuchillo de ondas grandes
Sacapuntas grande

87

88 BLUMEN / FLOWERS / FLEURS / FIORI / FLORES

01

02

03

Rettich viereckig in der Gesamtlänge von etwa 20 cm und den Kantenlängen von 5 cm zurechtschneiden. Die Karotte so zuschneiden, dass sie 6–8 Kanten aufweist.

Die Zucchini mit einem grün-weißen Streifenmuster versehen.

An allen 4 Seiten des Rettichs mit dem Wellenmesser Rillen anbringen.

Die Rote Bete aufschneiden und damit die Flächen des Rettichs einfärben.

Cut radish along the whole length of about 20 cm to a square section whereby the distance between edges is 5 cm. Cut the carrot with about 6 or 8 edges.

Give the courgette a green-white stripe pattern.

Cut ridges into all sides of the radish using the corrugated knife.

Cot the beetroot and use the cut surfaces to colour the radish.

Equarrissez le raifort en le coupant sur une longueur totale d'environ 20 cm et une longueur de bord de 5 cm. Coupez la carotte de façon à ce qu'elle présente 6–8 bords.

Pourvoyez la courgette d'un modèle de bande vert-blanc.

Posez, à l'aide du couteau ondulé, des rainures sur les 4 côtés du raifort.

Coupez la betterave et utilisez-la pour colorer les surfaces du raifort.

Tagliare il rafano, dandogli una forma quadrangolare lunga circa 20 cm e larga 5 cm. Tagliare la carota in modo da ricavare 6–8 angoli.

Sbucciare lo zucchino a strisce bianche e verdi.

Effettuare delle scanalature in tutti i quattro lati del rafano servendosi del taglierino ondulato.

Aprire la barbabietola e con questa colorare le superfici del rafano.

Recortar el rábano cuadrangular con longitud total de unos 20 cm y longitudes de canto de 5 mm. Recortar la zanahoria del tal manera, que presente 6–8 cantos.

Aplicar al calabacín un modelo de tiras verdes y blancas.

Aplicar en todos los 4 lados del rábano ranuras con el cuchillo de ondas.

Cortar la remolacha al medio y con ella colorear las superficies del rábano.

04

Mit dem Spitzer Blütenblätter herstellen.

Use the sharpener to form petals.

Fabriquez des pétales de fleur à l'aide du taille-crayon.

Realizzare i petali servendosi del temperino.

Con el sacapuntas confeccionar los pétalos.

05

Entstandene Blütenblätter zur Blüte aufrollen, Spitze des Rettichrestes abschneiden und als Stempel in die Mitte der Blüte stellen. Nach dem gleichen Prinzip auch mit Karotte und Zucchini verfahren.

Roll up the petals thus made, cut off the pointed end of the radish and place it in the middle of the flower. Use the same technique with the carrot and the courgette.

Roulez les pétales de fleur apparus pour en faire un bouton de fleur, coupez la pointe du reste du raifort et posez-la en tant que pistil au milieu du bouton de fleur.

Arrotolare i petali realizzati formando un fiore, tagliare la punta del resto di rafano e metterla come pistillo nel centro del fiore Procedere allo stesso modo anche con la carota e con lo zucchino.

Enrollar los pétalos creados a una flor, cortar la punta del resto del rábano y ubicarlo como pistilo en el centro de la flor. Proceder con la zanahoria y el calabacín de acuerdo al mismo principio.

06

Fertiges Schaustück.

Showpiece is finished.

Aspect final achevé.

L'oggetto da esposizione è pronto.

Pieza de exposición terminada.

90 HONIGMELONEN-BLUME / HONEYDEW MELON FLOWER / FLEUR EN MELON / FIORE DI MELONE AMARILLO / FLOR DE MELÓN DE MIEL

Vorbereitung
1 Honigmelone
Schnitzmesser V 1
Thai-Messer
Küchenmesser

Preparation
1 honeydew melon
paring knife V1
Thai knife
kitchen knife

Préparation
1 melon
Gouge V 1
Couteau thaï
Couteau de cuisine

Preparazione
1 melone
Coltello da intaglio V 1
Coltello Thai
Coltello da cucina

Preparación
1 Melón de miel
Cuchillo de tallado V 1
Cuchillo Tailandés
Cuchillo de cocina

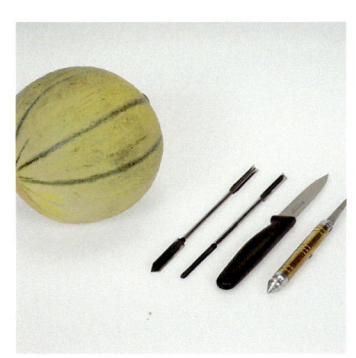

01

Etwa die Hälfte der Honigmelone schälen, dabei die Schale so sparsam wegnehmen, dass die Streifenstruktur erhalten bleibt.

02

3 Blätter mit dem Thai-Messer aufzeichnen und anschließend die Linien mit dem Schnitzmesser V1 vertiefen.

03

Mit dem Küchenmesser mittig Blattrillen einritzen, diese v-förmig, bis auf das Fruchtfleisch einkerben.

04

In alle Blätter mit dem Schnitzmesser V1 Querrillen einschneiden.

Peel about half of the side off a melon so thinly that the striped structure is preserved.

Trace 3 leaves using the Thai knife and cut the lines deeper with paring knife V1.

Using the kitchen knife cut leaf grooves in the middle, making V-shaped grooves into the fruit.

Carve grooves crosswise into all leaves using paring knife V1.

Épluchez environ la moitié du melon, enlevez à cette occasion la peau avec suffisamment d'économie pour que la structure de la bande reste conservée.

Dessinez 3 feuilles à l'aide du couteau thaï et approfondissez ensuite les lignes à l'aide de la gouge V1.

À l'aide du couteau de cuisine, gravez des rainures de feuille au milieu, incisez ces dernières en forme de V jusqu'à la chair du fruit.

Incisez des rainures obliques dans toutes les feuilles à l'aide de la gouge V1.

Sbucciare all'incirca la metà del melone, eliminando tuttavia poca scorza, in modo che la struttura a strisce rimanga intatta.

Disegnare tre foglie con il coltello Thai ed infine scavare più in profondità le linee utilizzando il coltello da intaglio V1.

Intagliare centralmente le nervature della foglia con il coltello da cucina e intagliarle a forma di V fino alla polpa.

Incidere in tutte le foglie delle nervature in diagonale, servendosi del coltello da intaglio V1.

Pelar aproximadamente la mitad del melón de miel, en este caso quitar la cáscara lo más finamente posible, de manera que se mantenga una estructura de tiras.

Delinear 3 hojas con el cuchillo tailandés y a continuación profundizar las líneas con el cuchillo de tallado V1.

Con el cuchillo de cocina grabar en el centro ranuras de hojas, hacer una muesca en forma de v hasta la pulpa.

En todas las hojas cortar ranuras transversales con el cuchillo de tallado V1

HONIGMELONEN-BLUME / HONEYDEW MELON FLOWER / FLEUR EN MELON / FIORE DI MELONE AMARILLO / FLOR DE MELÓN DE MIEL

05

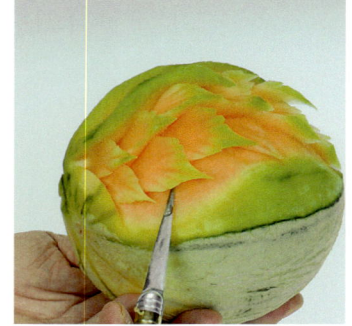

06

07

Mit Hilfe des Thai-Messers die Blätter freistellen, wobei das mittlere Blatt etwas tiefer ausgeschnitten werden sollte, um eine dreidimensionale Wirkung zu erzeugen.

An den Außenseiten mit dem Thai-Messer kleine Blütenblätter gestalten, dann Blattrillen einschneiden und abschließend freistellen.

Fertiges Schaustück.

Expose the leaves using the Thai knife, cutting the middle leaf a little deeper to give a 3-dimensional effect.

Carve small petals on the outside using the Thai knife, then cut grooves in them and finally expose them.

Showpiece is finished.

À l'aide du couteau thaï, dégagez les feuilles, sachant que la feuille du milieu doit être découpée légèrement plus profondément afin d'obtenir un effet en trois dimensions.

Elaborez des petits pétales de fleur sur les côtés extérieurs à l'aide du couteau thaï, puis incisez les rainures de feuille et dégagez-les pour finir.

Aspect final achevé.

Ricavare le foglie con l'aiuto del coltello Thai, avendo cura di ritagliare la foglia centrale un po' più in profondità e produrre così un effetto tridimensionale.

Ottenere esternamente dei piccoli petali utilizzando il coltello Thai, poi incidere e infine mettere in evidenza le nervature delle foglie.

L'oggetto da esposizione è pronto.

Dejar libres los pétalos con ayuda del cuchillo tailandés, en donde el pétalo central debe ser recortada algo más profunda, para crear un efecto tridimensional.

En el lado exterior crear pequeños pétalos con el cuchillo tailandés, luego cortar ranuras en los pétalos y finalmente dejar libres.

Pieza de exposición terminada.

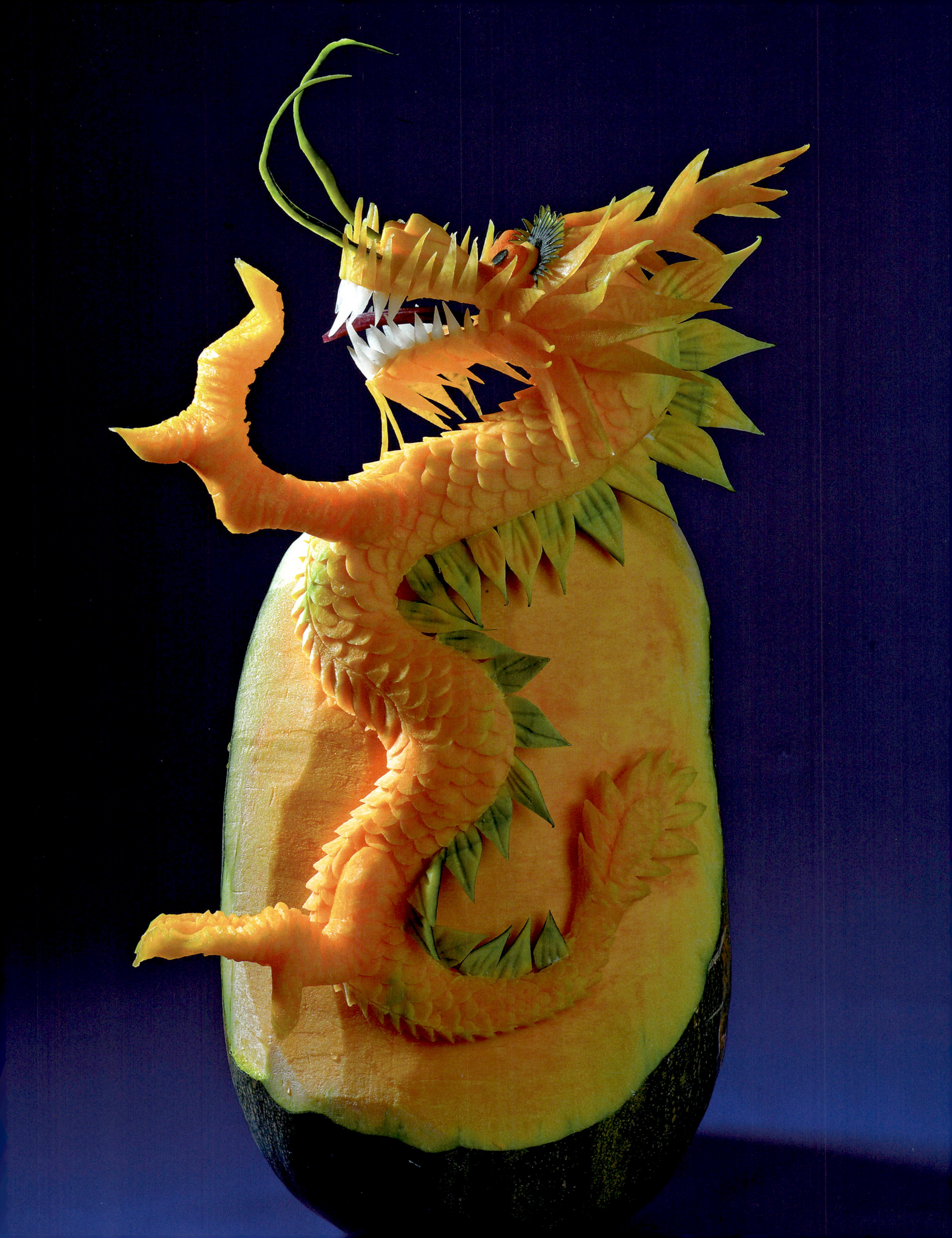

RETTICH-KALLA / RADISH CALLA / KALLA EN RAIFORT / CALLA DI RAFANO / CALA DE RÁBANO

Vorbereitung
1 Rettich
1 Karotte
Schälchen
Thai-Messer
Küchenmesser

Preparation
1 radish
1 carrot
small bowl
Thai knife
kitchen knife

Préparation
1 raifort
1 carotte
Coupelle
Couteau thaï
Couteau de cuisine

Preparazione
1 rafano
1 carota
Ciotola
Coltello Thai
Coltello da cucina

Preparación
1 Rábano
1 Zanahoria
Cuenco pequeño
Cuchillo Tailandés
Cuchillo de cocina

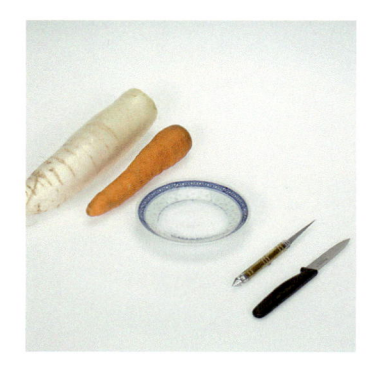

| 01 | 02 | 03 | 04 |

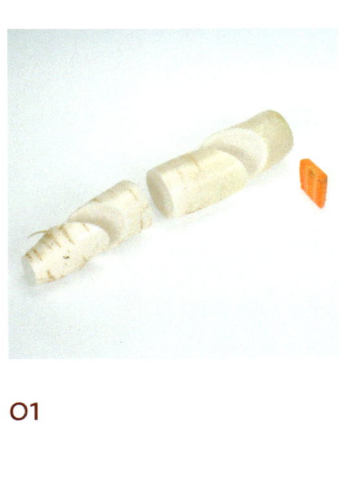

Rettich mittig halbieren. Die Hälften in der Mitte nochmals schräg teilen.
Karotten in Streifen schneiden.

Aus einem schrägen Rettichabschnitt eine konische Form herausarbeiten.

Spitze Blütenform zurechtschneiden.

Gegenüber der Spitze einen Keil in die Blütenform einschneiden.

Cut the radish in half. Cut the two halves again at an angle. Cut carrot in thin strips.

Cut out a conical form from one of the angled cut pieces.

Cut a pointed blossom form.

Cut a wedge in the petal form opposite the pointed end.

Coupez le raifort en deux au milieu. Coupez encore en biais chacune des moitiés.
Coupez les carottes en bande.

Réalisez une forme conique à partir d'un morceau de raifort coupé en biais.

Arrangez, en la coupant, la forme pointue du bouton de fleur.

Incisez un cal dans la forme du bouton de fleur en face de la pointe.

Tagliare il rafano a metà. Dividere nuovamente in senso obliquo ciascuno dei due pezzi.
Tagliare a strisce le carote.

Ricavare una forma conica da una sezione obliqua del rafano.

Tagliare a misura una forma appuntita da cui ricavare il fiore.

Incidere di fronte alla punta un cuneo nella forma del fiore.

Cortar el rábano al medio. Cortar las mitades una vez más en cada caso oblicuamente por el medio.
Cortar las zanahorias en tiras.

De un corte oblicuo de rábano trabajar una forma cónica.

Refinar el corte a una forma de flor en punta.

Enfrentado a la punta cortar un cono en la forma de la flor.

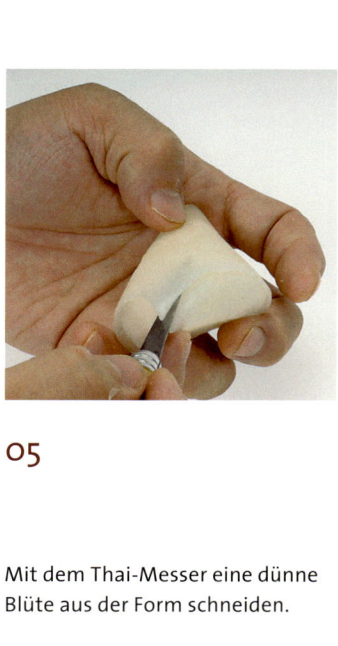

96 RETTICH-KALLA / RADISH CALLA / KALLA EN RAIFORT / CALLA DI RAFANO / CALA DE RÁBANO

05
Mit dem Thai-Messer eine dünne Blüte aus der Form schneiden.

Using the Tai knife cut a thin blossom from the form.

Coupez, à l'aide du couteau thaï, un mince bouton de fleur à partir de cette forme.

Servendosi del coltello Thai ritagliare da quella forma un fiore sottile.

Con el cuchillo tailandés cortar un pétalo delgado de la forma.

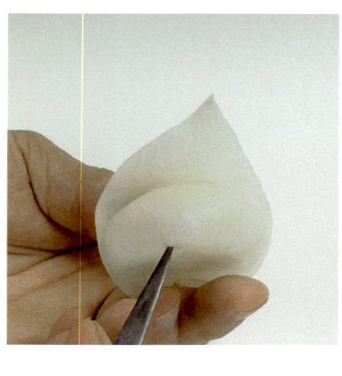

06
Um das Blütenblatt besonders dünn herauszuarbeiten, überschüssiges Fruchtfleisch aus der Mitte entfernen.

Remove excess fruit from the middle to allow the blossom to be cut very thin.

Enlevez du milieu la chair du fruit superflue, afin d'élaborer une feuille de bouton de fleur particulièrement mince.

Per poter ricavare un petalo particolarmente sottile togliere dal centro la polpa eccedente.

Para poder extraer el pétalo especialmente delgado, retirar la pulpa de la fruta excedente del centro.

07
Den oberen Blütenrand mit Salz einreiben, dadurch wird die Blüte weich und kann in Form gebracht werden.

Rub salt into the upper blossom edge, so that the blossom becomes soft and can be formed.

Frottez le bord supérieur du bouton de fleur avec du sel, le bouton de fleur devient ainsi mou et peut être mis en forme.

Cospargere di sale il bordo superiore del fiore che in tal modo si ammorbidisce e può essere lavorato meglio.

Frotar con sal el borde superior del pétalo, de este modo, el pétalo se ablanda y puede ser conformado.

08
Für den Stempel eine Bogenform aus einer Karotte ausschneiden.

For the pistil cut a curved piece out of a carrot.

Extrayez d'une carotte une forme d'arc de cercle pour le pistil.

Per fare il pistillo ritagliare un archetto da una carota.

Para el pistilo, recortar una forma de curva de una zanahoria.

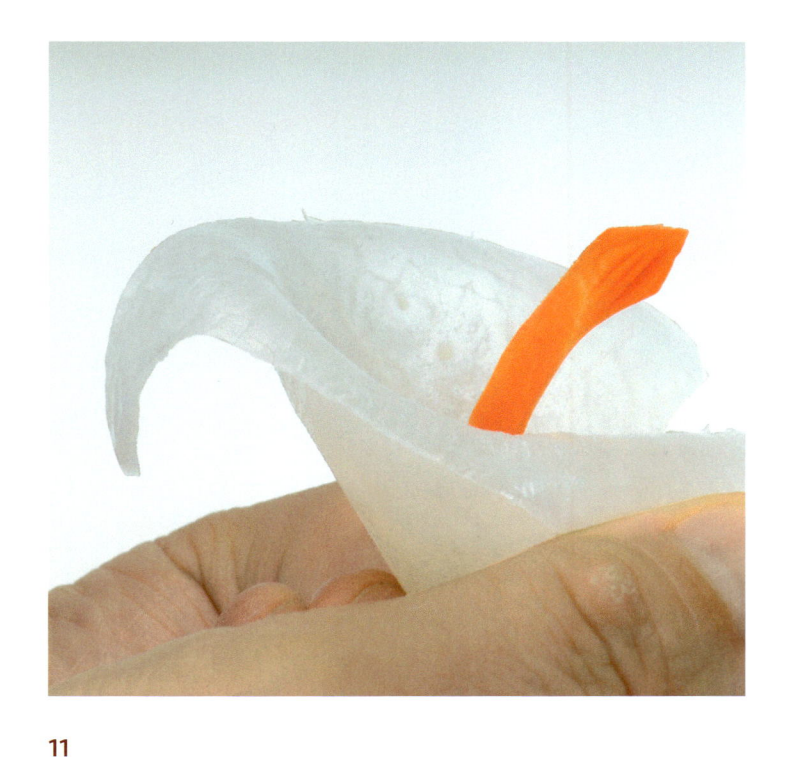

09

Köpfchen des Stempels herausarbeiten und einkerben. Stempel nach unten dünner auslaufen lassen.

10

Stempel in die Blüte einpassen und mit Leim einkleben.

11

Fertige Blüte.

Carve out the head of the pistil and cut notches. Form the pistil thinner towards the end.

Fit the pistil into the blossom and stick with adhesive.

Blossom finished.

Réalisez et incisez le stigmate du pistil. Donnez au pistil une extrémité inférieure plus mince.

Adaptez le pistil dans le bouton de fleur et collez-le à l'aide de colle.

Bouton de fleur achevé.

Ricavare e intagliare lo stimma del pistillo. Assotigliare leggermente il pistillo verso il basso.

Adattare il pistillo all'interno del fiore e fissarlo con la colla.

Ed ecco pronto il fiore.

Trabajar la cabecilla del pistilo y hacer una muesca. Dar una terminación delgada del pistilo hacia abajo.

Adaptar el pistilo en el pétalo y pegarlo con cola.

Flor terminada.

MELONENKÖRBCHEN / MELON BASKET / PETIT PANIER EN MELON / CESTINO DI MELONE / CESTILLA DE MELÓN

Vorbereitung
1 Galiamelone
Rundmeißel 1
Küchenmesser

Preparation
1 Gallia melon
round chisel 1
kitchen knife

Préparation
1 melon Galia
Burin rond 1
Couteau de cuisine

Preparazione
1 melone Galia
Scalpello circolare 1
coltello da cucina

Preparación
1 Melón Galia
Cincel redondo 1
Cuchillo de cocina

01

02

03

Oberen Deckel abschneiden. Unten ebenfalls abflachen, damit das Körbchen später gut steht.

Oben vorsichtig einen schmalen Rand einschneiden.

Melone unterhalb des Rands dünn schälen, so dass die grüne Struktur erhalten bleibt.

Cut off the top. Cut the bottom also flat so that the basket stands straight later.

Carefully cut a small edge into the top.

Peel the edge of the melon thinly so that the green structure remains.

Découpez le couvercle supérieur. Aplatissez également en bas afin que le petit panier soit ensuite bien d'aplomb.

Incisez en haut un bord étroit avec précaution.

Epluchez le melon en-dessous de ce bord afin qu'une structure verte demeure.

Tagliare via la calotta superiore. Appianare la parte inferiore, affinché il cestino possa appoggiare bene.

Intagliare con cautela un bordo sottile sulla parte superiore.

Sbucciare finemente melone al di sotto del bordo, mantenendo la struttura verde.

Cortar la tapa superior. Abajo asimismo aplanar, para que más tarde la cestilla apoye correctamente.

Cortar cuidadosamente arriba un borde angosto.

Debajo del borde, pelar el melón finamente, de manera que se conserve la estructura verde.

MELONENKÖRBCHEN / MELON BASKET / PETIT PANIER EN MELON / CESTINO DI MELONE / CESTILLA DE MELÓN

04

05

06

Rand deutlicher hervorarbeiten. Melone mit dem Küchenmesser entlang der grünen Streifen einkerben.

Die Kerben v-förmig tiefer herausschneiden. Die Kanten abrunden.

Den oberen Rand des Körbchens oben und unten abrunden

Cut away to make the edge more prominent. Make a cut into the melon with the kitchen knife along the green strip.

Cut out the notch deeper in v-form. Round off the edges.

Round off the upper edge of the basket above and below.

Elaborez le bord plus nettement. Incisez le melon, à l'aide de la couteau de cuisine, le long de la bande verte.

Extrayez plus profondément les entailles en forme de v. Arrondissez les bords.

Arrondissez le bord supérieur du petit panier en haut et en bas.

Evidenziare il bordo tagliando più in profondità. Intagliare il melone lungo la strisce verdi servendosi del coltello da cucina.

Tagliare più in profondità le incisioni a forma di v. Arrotondare i bordi.

Smussare il bordo superiore del cestino sopra e sotto.

Remarcar el borde notablemente hacia delante. Con el cuchillo de cocina entallar el melón a lo largo de las tiras verdes.

Recortar las muescas con mayor profundidad en forma de v. Redondear los cantos.

Redondear el borde superior de la cestilla arriba y abajo.

07

An beiden Seiten der Kerben leicht schräg eine Rille einschneiden, so dass eine doppelte Kerbe entsteht.

Cut a slightly angled groove on both sides of the notches, so that a double notch is created.

Incisez une nervure sur les deux côtés des entailles en inclinant légèrement l'ensemble, de façon à ce qu'apparaisse une double entaille.

Intagliare su entrambi i lati delle incisioni una scanalatura leggermente obliqua, per creare una doppia incisione.

En ambos lados de las muescas cortar una ranura ligeramente oblicua, de manera que se genere una doble muesca.

08

Die Oberflächen der breiten Streben quer einritzen, Ornament mit dem Rundmeißel herausarbeiten.

Carve out decoration across the wide protrusions using the round chisel.

Gravez en biais les surfaces des montants larges, réaliser l'ornement à l'aide du burin rond.

Incidere trasversalmente le superfici degli ampi sostegni e lavorare con lo scalpello circolare per ricavarne un ornamento.

Grabar transversalmente las superficies de las nervaduras anchas, extraer el ornamento con el cincel redondo.

09

Fertiges Körbchen.

The basket is finished.

Petit panier achevé.

Voilà, il cestello è pronto.

Cestilla terminada.

102 KOHLRABI-DAHLIE / KOHLRABI DAHLIA / DAHLIA EN CHOU-RAVE / DALIA DI CAVOLO RAPA / DALIA DE COLINABO

VORBEREITUNG
1 Kohlrabi
Schnitzmesserset
Küchenmesser

PREPARATION
1 kohlrabi
paring knife set
kitchen knife

PRÉPARATION
1 chou-rave
Jeu de gouges
Couteau de cuisine

PREPARAZIONE
1 cavolo rapa
Set di coltelli da intaglio
Coltello da cucina

PREPARACIÓN
1 Colinabo
Juego de cuchillos de tallado
Cuchillo de cocina

01

Etwa 1/3 des Kohlrabi unten abschneiden. Kohlrabi schälen.

Cut off about one third of the bottom of the kohlrabi. Peel kohlrabi.

Découpez environ 1/3 en bas du chou-rave. Epluchez le chou-rave.

Tagliare in basso circa 1/3 del cavolo rapa e poi sbucciarlo.

Cortar abajo aproximadamente 1/3 del colinabo Pelar el colinabo

02

Den Kohlrabi oben kreisförmig einkerben und keilförmig auslösen.

Cot a circular notch at the top and remove it wedge-shaped.

Incisez le chou-rave en haut en forme de cercle et détachez une forme de cône.

Effettuare un taglio circolare nella parte superiore del cavolo rapa e scavare in modo cuneiforme.

Hacer una muesca en el colinabo arriba en forma circular y separar en forma de cuña.

03

In dem Kreis am äußeren Rand ringsum eine Reihe Blütenblätter stechen.

Carve a row of petals in the circle at the outside edge.

Piquez, dans le cercle tout autour du bord extérieur, une rangée de pétales de fleur.

Ricavare una fila di petali intorno al bordo esterno del cerchio.

En el circulo del borde exterior tallar en todo su contorno una fila de pétalos.

04

Für die Optik einer geschlossenen Blüte, drei weitere Reihen zum Zentrum hin einritzen.

Cut three further rows towards the centre to give the appearance of closed blossoms.

Gravez, pour garder un aspect harmonieux à la fleur, trois autres rangées vers le centre.

Per conferire l'aspetto di fiore chiuso, intagliare ancora tre file verso il centro.

Para la óptica de la flor cerrada, ranurar tres otras filas hacia el centro.

104 KOHLRABI-DAHLIE / KOHLRABI DAHLIA / DAHLIA EN CHOU-RAVE / DALIA DI CAVOLO RAPA / DALIA DE COLINABO

05

06

07

Für den ersten Außenkreis Blütenblätter mit dem Schnitzmesser V 1 stechen, so dass die Blätter nach außen gebogen sind.

Um die erste Blütenblattreihe deutlicher hervorzuheben, das darunterliegende Fruchtfleisch schräg herauslösen.

Mit dem Schnitzmesser V 2 eine weitere Blütenblattreihe versetzt zur ersten ausstechen.

Die weiteren Reihen werden mit dem jeweils nächstgrößeren Schnitzmesser in der gleichen Art ausgestochen.

Using paring knife V 1 carve petals for the first outer ring, so that the petals are bent outwards.

To expose the first row of petals more prominently, cut out the fruit underneath at an angle.

Using paring knife V 2 cut out a further row of petals offset to the first row.

In the same manner cut further rows each with the next sized paring knife.

Piquez, pour le premier cercle extérieur, des pétales de fleur à l'aide de la gouge V 1 de façon à ce que les pétales soient inclinés vers l'extérieur.

Afin de faire ressortir plus nettement la première rangée de pétales de fleur, détachez en biais la chair du fruit se trouvant en dessous.

À l'aide de la gouge V 2, faites ressortir une autre rangée de pétales de fleur décalé par rapport à la première rangée.

Les autres rangées sont chacune piquées de la même manière à l'aide de la plus grosse gouge la plus proche.

Per il primo cerchio all'esterno intagliare i petali servendosi dell'apposito coltello V 1, in modo tale che rimangano piegati all'infuori.

Per dare maggiore rilievo alla prima fila di petali, staccare obliquamente la polpa sottostante.

Con il coltello da intaglio V 2 scavare un'altra fila di petali in ordine sfasato rispetto a quelli della prima fila.

Le altre file vanno scavate nello stesso modo, utilizzando ogni volta una misura più grande del coltello da intaglio.

Para el primer círculo exterior, tallar pétalos con el cuchillo de tallado V 1, de manera que los pétalos queden doblados hacia fuera.

Para resaltar más intensamente la primera fila de pétalos, separar obliquamente la pulpa que se encuentra por debajo.

Con el cuchillo de tallado V 2 ranurar otra fila de pétalos desplazada con relación a la primera.

Las siguientes filas se tallan del mismo modo, en cada caso con el cuchillo de tallado inmediatamente mayor.

08

Während für die ersten Reihen die Blätter von oben gestochen werden, werden sie ab der 3. oder 4. Reihe sehr flach angesetzt, später dann von unten nach oben angeordnet.

Whereas for the first rows the petals are carved out from above, from the third or fourth row they are formed very flat and later arranged from below upwards.

Alors que les feuilles sont piquées d'en haut pour les premières rangées, elles sont disposées très à plat à partir de la troisième ou de la quatrième rangée, puis disposées ensuite de bas en haut.

Mentre per le prime file i petali si intagliano da sopra, a partire dalla terza o quarta fila vanno disposti in modo appiattito e successivamente dal basso verso l'alto.

Mientras que para las primeras filas, los pétalos se tallan desde arriba, a partir de la tercera o cuarta fila se marcan muy planas, más tarde entonces, se disponen de abajo hacia arriba.Retirar

09

Unter der letzten Blütenreihe befindliches Fruchtfleisch wieder entfernen.

Remove the fruit remaining under the last row of petals.

Enlevez à nouveau la chair du fruit se trouvant en dessous de la dernière rangée de fleurs.

Asportare la polpa che si trova sotto l'ultima fila di petali.

nuevamente la pulpa que se encuentra por debajo de la última fila de pétalos.

10

Fertige Blüte.

The flower is finished.

Bouton de fleur achevé.

Ed ecco pronto il fiore.

Flor terminada.

106 ZUCCHINIBLÜTE / COURGETTE FLOWER / BOUTON DE FLEUR EN COURGETTE / FIORE DI ZUCCHINA / FLOR DE CALABACÍN

Vorbereitung
1 Zucchini
Schnitzmesserset
Thai-Messer
Küchenmesser

Preparation
1 courgette
paring knife set
Thai knife
kitchen knife

Préparation
1 courgette
Jeu de gouges
Couteau thaï
Couteau de cuisine

Preparazione
1 zucchina
Set di coltelli da intaglio
Coltello Thai
Coltello da cucina

Preparación
1 Calabacín
Juego de cuchillos de tallado
Cuchillo Tailandés
Cuchillo de cocina

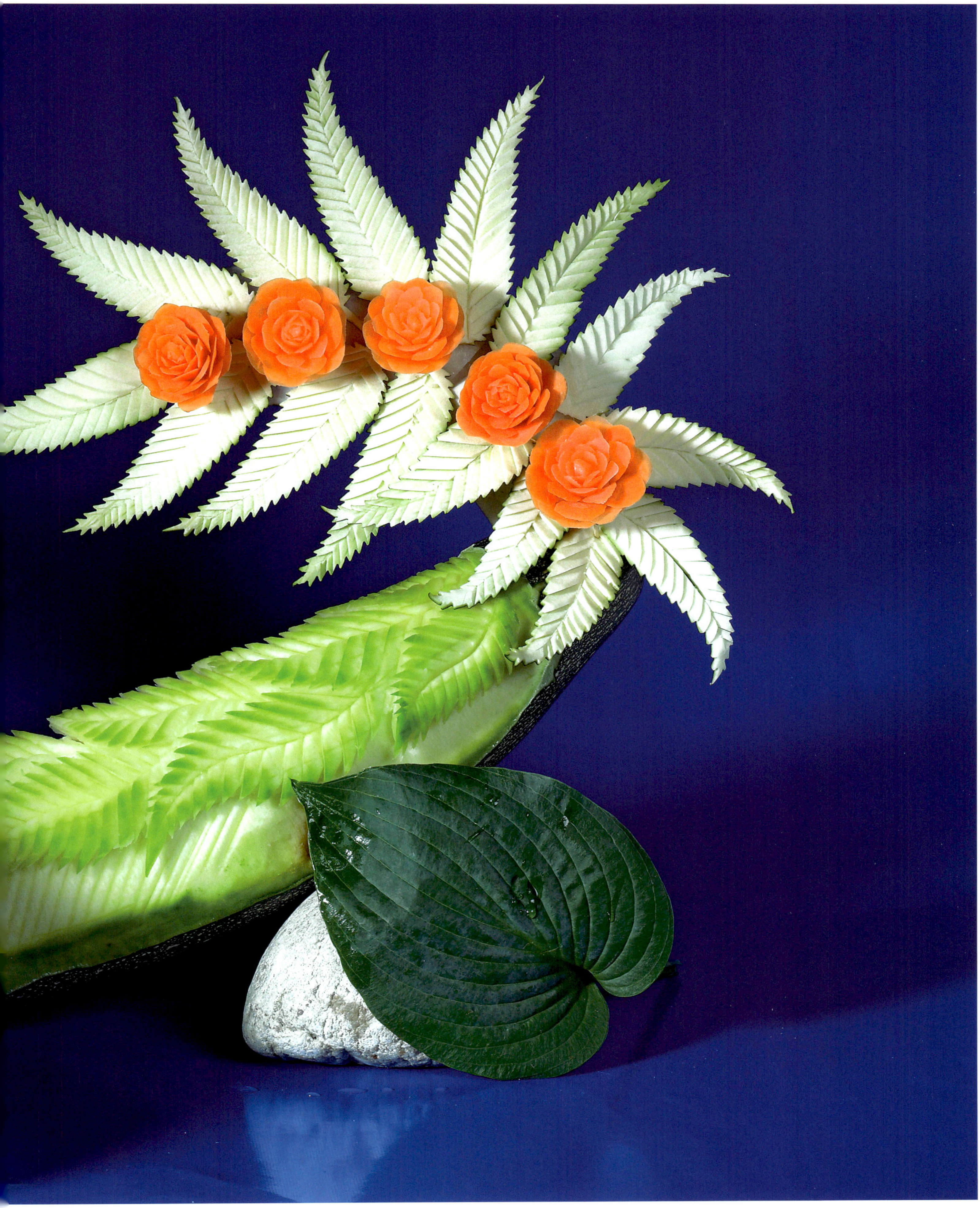

108 ZUCCHINIBLÜTE / COURGETTE FLOWER / BOUTON DE FLEUR EN COURGETTE / FIORE DI ZUCCHINA / FLOR DE CALABACÍN

01

02

In der Mitte der Zucchini einen Kreis einkerben. Die Kerbe keilförmig verbreitern.

Das Innere des Kreises ganz fein, leicht abgerundet schälen, so dass vom dunkleren Grün noch etwas zu sehen ist.

Mit dem Schnitzmesser V1 in dem Kreis am äußeren Rand ringsum eine Reihe Blütenblätter stechen.

Cut a round notch in the middle of the courgette. Widen the cut into a wedge shape.

Peel the inside of the circle very finely, slightly rounded so that some of the green is still visible.

Use paring knife V1 to carve a row of petals in the circle at the outside edge.

Incisez un cercle au milieu de la courgette. Elargissez les entailles en forme de cône.

Epluchez très finement l'intérieur du cercle, légèrement arrondi, de façon à continuer à voir encore un peu du vert plus sombre.

Piquez, dans le cercle tout autour du bord extérieur, une rangée de pétales de fleur à l'aide de la gouge V1.

Intagliare un cerchio al centro dello zucchino. Ampliare gli intagli dando loro una forma a cuneo.

Sbucciare l'interno del cerchio in forma sottile e leggermente arrotondato, in modo tale che si possa ancora vedere un po' del verde scuro.

Con il coltello da intaglio V1 incidere una fila di petali intorno al bordo esterno del cerchio.

En el centro del calabacín entallar un círculo. Ensanchar la muesca en forma de cuña.

Pelar el interior del círculo muy finamente, ligeramente redondeado, de manera que aún pueda verse algo del verde oscuro.

En el círculo del borde exterior tallar en todo su contorno una fila de pétalos con el cuchillo de tallado V1.

109

| 03 | 04 | 05 | 06 |

| --- | --- | --- | --- |

Das Fruchtfleisch unter den Blütenblättern vorsichtig auslösen. Das Fruchtfleisch in der Mitte kreisförmig stehen lassen.

Mit dem Rundmeißel 1 kleine Kreise gleichmäßig ausstechen.

An einer nicht sichtbaren Stelle Kreise in der gleichen Größe ausstechen und diese in die vorbereiteten Vertiefungen einsetzen.

Den äußeren Rand des Kreises mit dem Rillmeißel rundum bearbeiten, so dass eine Art Blütenblätter entstehen.

Carefully cut out the fruit under the petals. Leave the fruit in the middle as a ring form.

Using round paring knife no. 1 cut out small equal-sized circles.

At a part which is not visible cut out circular pieces of the same size and place these in the recesses already made.

Use the groove knife to cut the outer edge of the circle to make petal shapes.

Détachez avec précaution la chair du fruit sous les pétales de fleur. Faites en sorte que la chair du fruit reste au milieu en forme de cercle.

Faites ressortir des petits cercles réguliers avec la gouge ronde N° 1.

Faites ressortir des cercles de même taille à un endroit invisible, et insérez ces derniers dans les creusements préparés.

Traitez tout autour le bord extérieur du cercle à l'aide du couteau à rainures de façon à ce qu'il apparaisse une espèce de feuilles de bouton de fleur.

Staccare delicatamente la polpa sotto i petali. Lasciare al centro la polpa a forma circolare.

Ritagliare dei piccoli cerchi uniformi utilizzando il coltello da intaglio circolare n. 1.

Ricavare in un punto non visibile dei cerchi della stessa grandezza ed inserirli nelle cavità predisposte.

Lavorare il bordo esterno del cerchio con il coltello per le scanalature in modo tale che si formi una sorta di petali.

Soltar cuidadosamente la pulpa de la fruta debajo de los pétalos. Dejar en el centro en forma circular la pulpa.

Con el cuchillo de tallado redondo N° 1 car uniformemente pequeños círculos.

En un lugar no visible extraer círculos del mismo tamaño y colocar estos en las marcas preparadas.

Trabajar el borde exterior del círculo en todo su contorno con el cuchillo de ranurar, de manera que se generen un tipo de pétalos.

ZUCCHINIBLÜTE / COURGETTE FLOWER / BOUTON DE FLEUR EN COURGETTE / FIORE DI ZUCCHINA / FLOR DE CALABACÍN

07
08
09

Jedes Blatt in der Mitte mit dem Schnitzmesser V1 verlängern.

Mit dem Thai-Messer ringsum Blattformen einritzen.

Mit dem Rillmeißel die Blütenblätter freistellen.

Extend each petal in the middle with paring knife V1.

Carve petal forms around it using the Thai knife.

Expose the petals using the groove knife.

Prolongez chaque feuille au milieu à l'aide de la gouge V1.

Gravez tout autour, à l'aide du couteau thaï, des formes de feuille.

Dégagez les pétales de fleur à l'aide du couteau à rainures.

Allungare ogni foglia al centro con il coltello da intaglio V1.

Servendosi del coltello Thai intagliare tutt'intorno le forme delle foglie.

Evidenziare i petali utilizzando il coltello per le scanalature.

Prolongar cada hoja en el centro con un cuchillo de tallado V1.

Ranurar todo el contorno formas de hojas con el cuchillo tailandés.

Con el cuchillo de ranuras dejar libres los pétalos.

10

Nach dem selben Prinzip versetzt weiter verfahren, dabei immer größere Rillmeißel benutzen.

Use the same technique in the following rows using ever bigger groove knives.

D'après le même principe décalé continuez à procéder, à cette occasion, des couteaux à rainures de plus en plus grand.

Procedere in ordine sfasato secondo lo stesso principio, usando una misura sempre maggiore del coltello per le scanalature.

Con el mismo principio continuar el procedimiento desplazado, en este caso emplear siempre un cuchillo de ranurado mayor.

11

So bald die gewünschte Breite erreicht ist, nur noch in Längsrichtung weiter arbeiten.

As soon as the required width has been reached continue only along the length.

Dès que la largeur souhaitée est atteinte, continuez encore à travailler dans le sens de la longueur.

Non appena si raggiunge la larghezza desiderata, continuare a lavorare soltanto in lunghezza.

Una vez alcanzado el ancho deseado, continuar trabajando sólo en dirección longitudinal.

12

Im Abstand von 2–3 cm von der Blüte eine Linie zur Orientierung einritzen.

At a distance of two to three centimetres from the flower carve a line for reference.

Gravez, à une distance de deux à trois centimètres du bouton de fleur, une ligne pour s'orienter.

A distanza di due-tre centimetri dal fiore incidere una linea di orientamento.

A una distancia de dos a tres centímetros del pétalo, grabar una línea para orientación.

Außerhalb dieser den Rillmeißel ansetzen und gleichmäßig ringsum eine Randbegrenzung einstechen.

Place the groove knife outside this line and carve a border evenly.

Portez le couteau à rainures à l'extérieur de cette dernière et piquez tout autour, avec régularité, une limite de bord.

Esternamente a questa appoggiare il coltello per le scanalature e tagliare uniformemente un bordo tutt'intorno.

Fuera de esta, aplicar el cuchillo de ranurado y marcar uniformemente en todo el contorno una limitación de borde.

ZUCCHINIBLÜTE / COURGETTE FLOWER / BOUTON DE FLEUR EN COURGETTE / FIORE DI ZUCCHINA / FLOR DE CALABACÍN

13

Schale zwischen der Randbegrenzung und der Blütenbegrenzung ganz vorsichtig dünn schälen, so dass vom dunkleren Grün noch etwas zu sehen ist.

Very carefully peel the skin between the border and the limit of the petals so that some of the green is visible.

Epluchez finement, avec beaucoup de précaution, la peau entre la limite du bord et la limite du bouton de fleur de façon à continuer à voir encore un peu du vert plus sombre.

Con molta cautela staccare sottilmente la buccia tra il limite del bordo e il limite del fiore, in modo tale che si possa ancora vedere qualcosa del verde scuro.

Pelar con sumo cuidado y finamente la cáscara entre la limitación de borde y la limitación de pétalos, de manera que aún quede a la vista algo de verde

14

Fläche zwischen Blüte und dunklem Grün mit dekorativen, parallelen Rillen verzieren.

Decorate the surface between flower and dark green with decorative parallel grooves.

Décorez de rainures parallèles décoratives la surface entre le bouton de fleur et le vert sombre.

Decorare la superficie tra il fiore e il verde scuro con delle scanalature ornamentali parallele.

oscuro.Decorar la superficie entre el pétalo y el verde oscuro con ranuras decorativas paralelas.

15

Fertige Zucchiniblüte.

Courgette flower is finished.

Bouton de fleur de courgette achevé.

Il fiore di zucchina è pronto.

Flor de calabacín terminada.

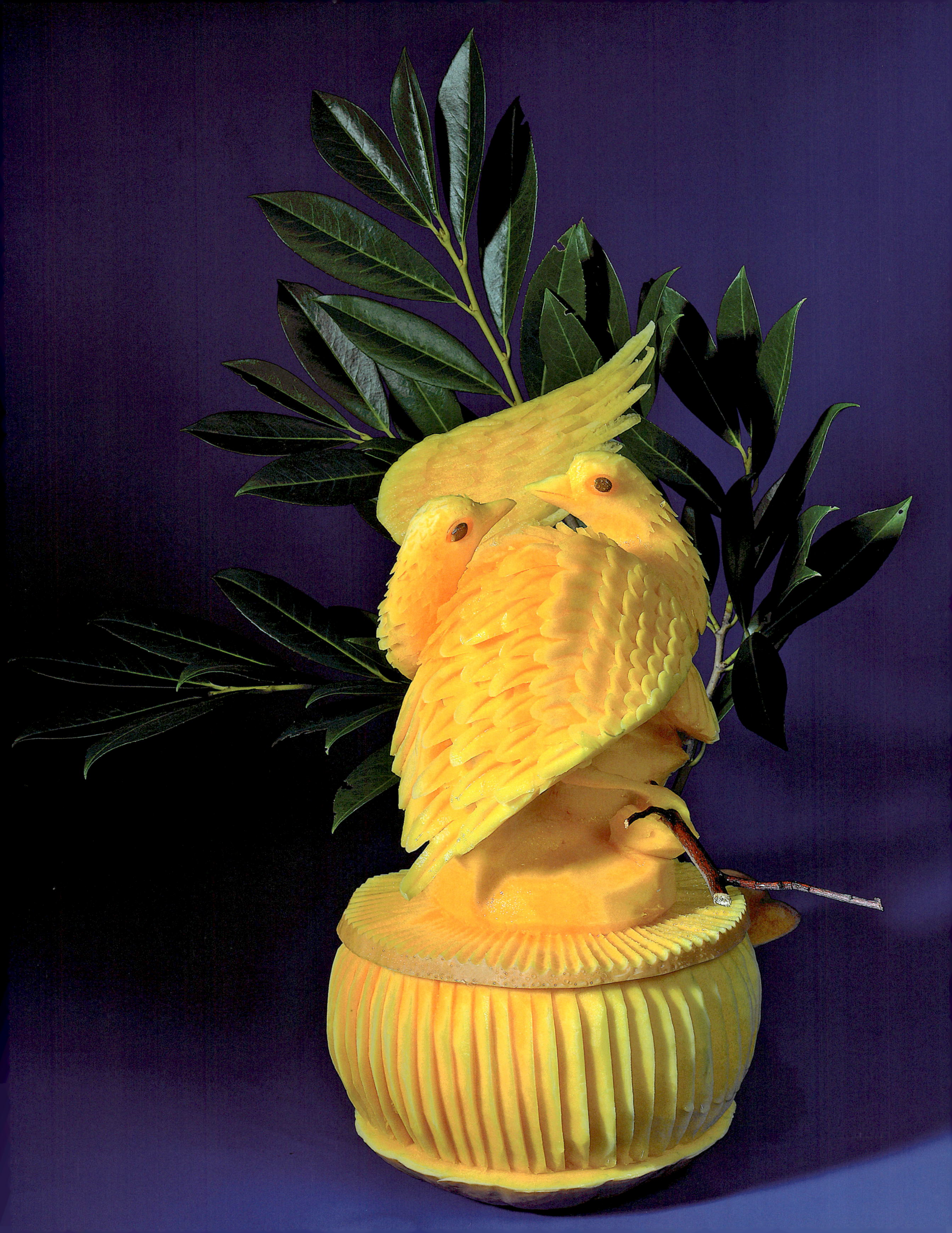

114 ZUCCHINIVASE / COURGETTE VASE / VASE EN COURGETTE / VASO DI ZUCCHINA / FLORERO DE CALABACÍN

Vorbereitung
1 Zucchini
Schnitzmesser V 1
Rillmeißel 2
Thai-Messer
Küchenmesser

Preparation
1 courgette
paring knife V 1
grooving chisel 2
Thai knife
kitchen knife

Préparation
1 courgette
Gouge V 1
Burin à rainures 2
Couteau thaï
Couteau de cuisine

Preparazione
1 zucchina
Coltello da intaglio V 1
Scalpello per scanalature 2
Coltello Thai
Coltello da cucina

Preparación
1 Calabacín
Cuchillo de tallado V 1
Cincel de ranurado 2
Cuchillo Tailandés
Cuchillo de cocina

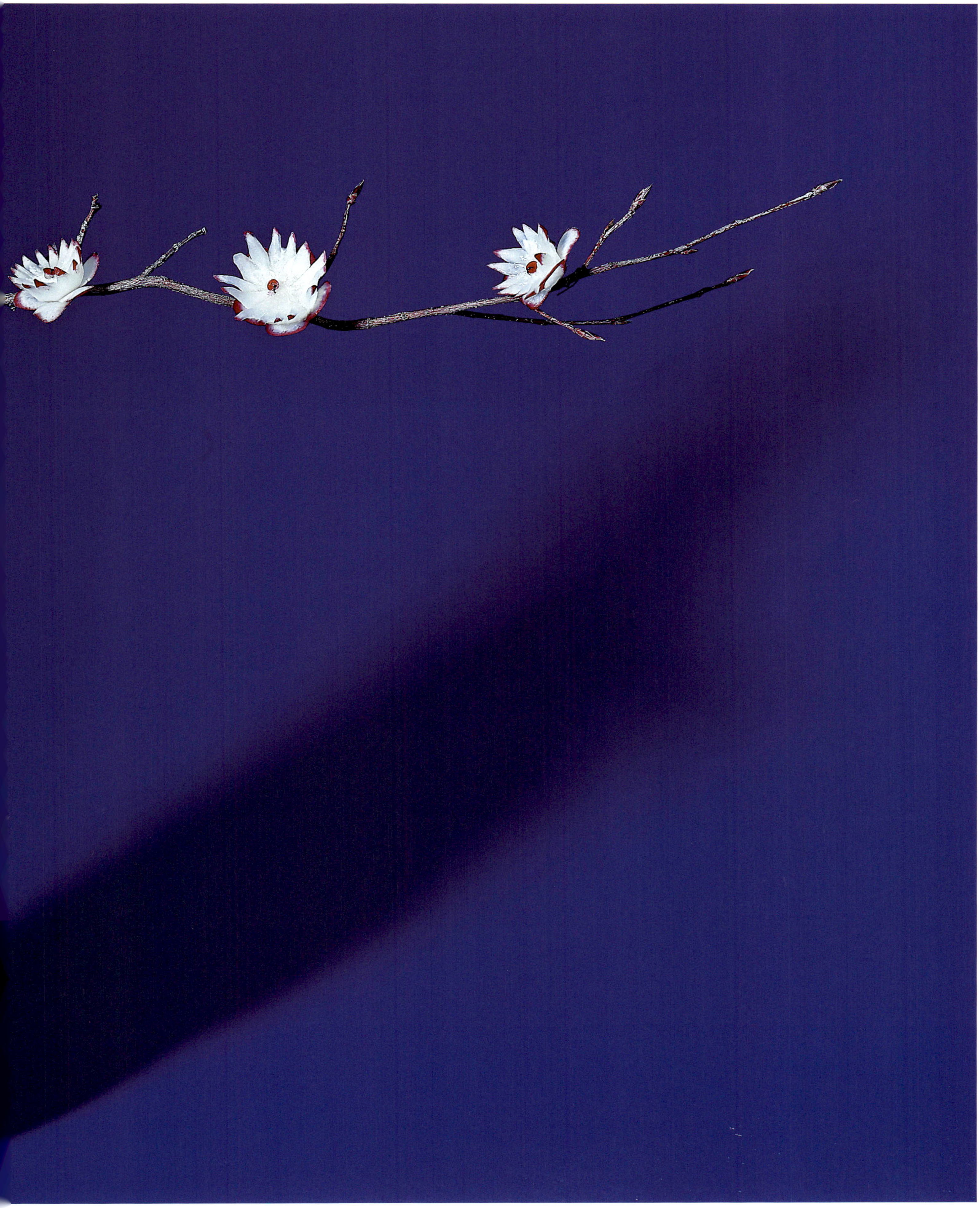

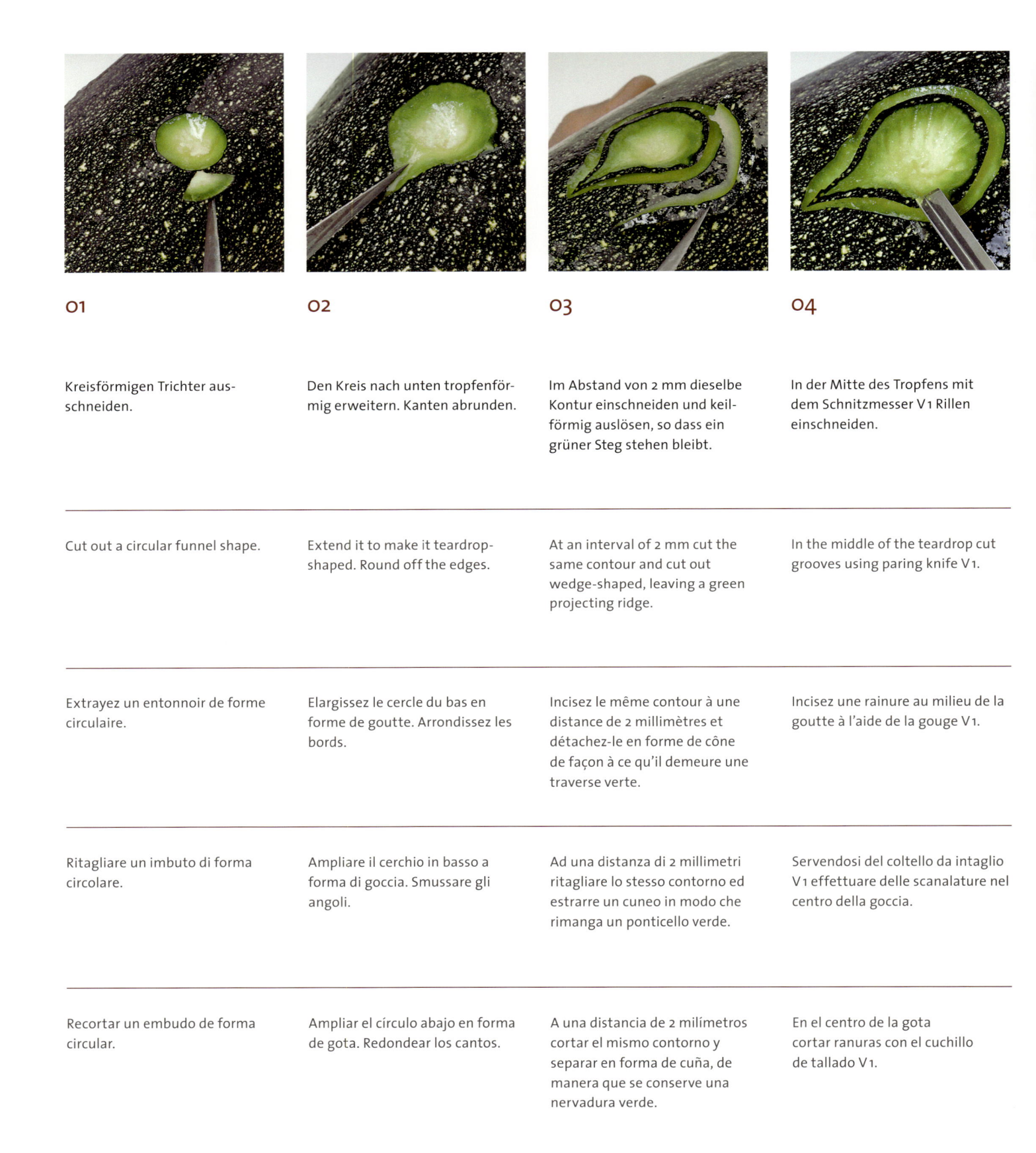

ZUCCHINIVASE / COURGETTE VASE / VASE EN COURGETTE / VASO DI ZUCCHINA / FLORERO DE CALABACÍN

01
Kreisförmigen Trichter ausschneiden.

02
Den Kreis nach unten tropfenförmig erweitern. Kanten abrunden.

03
Im Abstand von 2 mm dieselbe Kontur einschneiden und keilförmig auslösen, so dass ein grüner Steg stehen bleibt.

04
In der Mitte des Tropfens mit dem Schnitzmesser V1 Rillen einschneiden.

Cut out a circular funnel shape.

Extend it to make it teardrop-shaped. Round off the edges.

At an interval of 2 mm cut the same contour and cut out wedge-shaped, leaving a green projecting ridge.

In the middle of the teardrop cut grooves using paring knife V1.

Extrayez un entonnoir de forme circulaire.

Elargissez le cercle du bas en forme de goutte. Arrondissez les bords.

Incisez le même contour à une distance de 2 millimètres et détachez-le en forme de cône de façon à ce qu'il demeure une traverse verte.

Incisez une rainure au milieu de la goutte à l'aide de la gouge V1.

Ritagliare un imbuto di forma circolare.

Ampliare il cerchio in basso a forma di goccia. Smussare gli angoli.

Ad una distanza di 2 millimetri ritagliare lo stesso contorno ed estrarre un cuneo in modo che rimanga un ponticello verde.

Servendosi del coltello da intaglio V1 effettuare delle scanalature nel centro della goccia.

Recortar un embudo de forma circular.

Ampliar el círculo abajo en forma de gota. Redondear los cantos.

A una distancia de 2 milímetros cortar el mismo contorno y separar en forma de cuña, de manera que se conserve una nervadura verde.

En el centro de la gota cortar ranuras con el cuchillo de tallado V1.

08

Die Außenkante mit dem Schnitzmesser V 1 bearbeiten.

Form the outer edge using paring knife V 1.

Traitez le bord extérieur à l'aide de la gouge V 1.

Lavorare il bordo esterno con il coltello da intaglio V 1.

Trabajar el canto exterior con el cuchillo de tallado V 1.

09

Den Schmetterling in der Mitte auseinander drücken. Dabei die Fühler zwischen die Flügel legen.

Press the butterfly apart in the centre and place the feelers between the wings.

Séparez le papillon au milieu en appuyant dessus. Posez à cette occasion les antennes entre les ailes.

Premere la farfalla al centro per dividerla e infilare le antenne tra le ali.

Presionar la mariposa en el centro para separarla. En este caso colocar los sensores entre las alas.

10

Fertiger Schmetterling.

The butterfly is finished.

Papillon achevé.

La farfalla è pronta.

Mariposas terminadas.

126 SCHLANKE ROSE / SLIM ROSE / ROSE MINCE / ROSA SOTTILE / ROSA DELGADA

Vorbereitung
1 Karotte
Thai-Messer
Küchenmesser

Preparation
1 carrot
Thai knife
kitchen knife

Préparation
1 carotte
Couteau thaï
Couteau de cuisine

Preparazione
1 carota
Coltello Thai
Coltello da cucina

Preparación
1 Zanahoria
Cuchillo Tailandés
Cuchillo de cocina

01

02

03

Ein etwa 8 cm langes Stück abschneiden und schälen. Am unteren Ende abrunden.

Groben Blattumriss mit dem Küchenmesser vorzeichnen.

Mit dem Thai-Messer die äußere Blattform herausarbeiten.

Cut off a piece about 8 cm long and peel it. Round off the lower end.

Trace the outline roughly with the kitchen knife.

Using the Thai knife form the outer petal shape.

Détachez en coupant un morceau d'environ 8 cm de long et épluchez-le. Arrondissez à l'extrémité inférieure.

Prédessinez un contour grossier de feuille à l'aide du couteau de cuisine.

Réalisez la forme de la feuille extérieure à l'aide du couteau thaï.

Tagliare un pezzo lungo circa 8 cm e sbucciarlo. Arrotondare l'estremità inferiore.

Disegnare approssimativamente il contorno di una foglia utilizzando il coltello da cucina.

Elaborare con il coltello Thai la struttura esterna della foglia.

Cortar un trozo de unos 8 cm de longitud y pelar. Redondear en el extremo inferior.

Predelinear un contorno basto del pétalo con el cuchillo de cocina.

Con el cuchillo tailandés extraer el forma del pétalo exterior.

128 SCHLANKE ROSE / SLIM ROSE / ROSE MINCE / ROSA SOTTILE / ROSA DELGADA

04

05

06

07

Blatt mit dem Thai-Messer vom Rest des Fruchtfleisches trennen.

Blütenblatt durch Entfernen des darunterliegenden Fruchtfleisches freistellen.

Mit dem Küchenmesser die Form eines runden Blütenkelchs herausarbeiten.

Das zweite Blütenblatt versetzt zum ersten ansetzten und nach oben genannter Art und Weise fortfahren.

Carve the petal from the rest of the fruit.

Expose the petal by removing the fruit from underneath it.

Using the kitchen knife form the shape of a round calyx.

Form the second petal next to the first one and continue as above.

Séparez la feuille du reste de la chair du fruit à l'aide du couteau thaï.

Dégagez le pétale du bouton de fleur en retirant la chair du fruit se trouvant en-dessous.

Réalisez, à l'aide du couteau de cuisine, la forme d'un calice de bouton de fleur rond.

Posez le deuxième bouton de fleur décalé par rapport au premier et continuez vers le haut de la même manière décrit ci-avant.

Separare la foglia dal resto della polpa servendosi del coltello Thai.

Evidenziare il petalo eliminando la polpa sottostante.

Con il coltello da cucina ricavare la forma di un calice di fiore rotondo.

Aggiungere il secondo petalo in posizione sfasata rispetto al primo e proseguire con il procedimento sopracitato.

Separar la pulpa del resto con el cuchillo tailandés.

Dejar libre el pétalo retirando la pulpa que se encuentra por debajo.

Con el cuchillo de cocina extraer la forma de un cáliz redondo de pétalos.

Aplicar el segundo pétalo desplazado con relación al primero y continuar del modo arriba mencionado.

08

Alle anderen Blätter ebenso fertigen, dabei darauf achten, dass diese nach innen immer kleiner werden.

Es sollten insgesamt 3 äußere und 3 innere Blütenblätter zu sehen sein.

09

Fertige Blüte im Gurkenkelch. Diese Technik kann bei allen festen Gemüsesorten angewendet werden.

Form all the other petals in the same way and be careful that they become ever smaller towards the middle.

Altogether 3 outer and 3 inner petals should be visible.

Finished flower in cucumber goblet. This technique can be used for all firm types of vegetables.

Achevez de la même manière toutes les autres feuilles, veillez à cette occasion à ce que ces dernières deviennent de plus en plus petites.

On doit voir en tout 3 pétales de fleur extérieurs et 3 pétales de fleur intérieurs.

Bouton de fleur achevé en calice de concombre. Cette technique peut être employée pour toutes les sortes de légumes solides.

Preparare allo stesso modo tutte le altre foglie, facendo in modo che diventino sempre più piccole a mano a mano che si avvicinano al centro.

Si dovrebbero poter vedere in tutto 3 petali esterni e tre interni.

Fiore pronto nel calice di un cetriolo. Questa tecnica può essere utilizzata per tutti gli ortaggi solidi.

Confeccionar asimismo todos los otros pétalos, en este caso observar que estos hacia el interior se hacen cada vez más pequeños.

Deben poder verse en total 3 pétalos exteriores y 3 interiores.

Flor terminada en cáliz de pepino. Esta técnica se puede emplear en todos los tipos duros de hortalizas.

130 ROTE-BETE-ROSE / BEETROOT ROSE / ROSE EN BETTERAVE / ROSA DI BARBABIETOLA / ROSA DE REMOLACHA

Vorbereitung
1 Rote Bete
Thai-Messer
Küchenmesser

Preparation
1 beetroot
Thai knife
kitchen knife

Préparation
1 betterave
Couteau thaï
Couteau de cuisine

Preparazione
1 barbabietola
Coltello Thai
Coltello da cucina

Preparación
1 Remolacha
Cuchillo Tailandés
Cuchillo de cocina

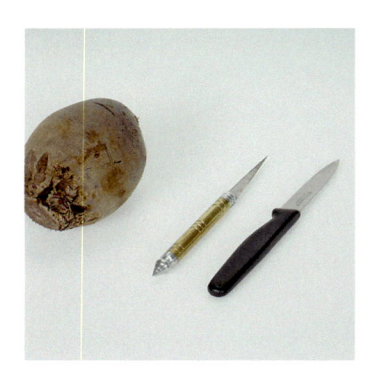

131

ROTE-BETE-ROSE / BEETROOT ROSE / ROSE EN BETTERAVE / ROSA DI BARBABIETOLA / ROSA DE REMOLACHA

01
02
03
04

Oberes Drittel der Roten Bete entfernen, den Rest schälen und in eine blütenartige Form bringen.

Am unteren Bereich des Blütenkelchs, leicht schräg, 5 Teile abschneiden, so dass an diesen Stellen Flächen entstehen.

An den 5 Flächen jeweils ein feines Blatt einschneiden.

Um die Blätter deutlicher hervorzuheben, das dahinterliegende Fruchtfleisch herauslösen.

Cut off the top third of the beetroot, peel the rest and shape to a flower.

At the lower end of the calyx cut off 5 pieces so that flat surfaces are formed there.

Carve a fine petal on each of the 5 flat surfaces.

In order to expose the petals cut away the fruit underneath.

Enlevez le tiers supérieur de la betterave, épluchez le reste et donnez-lui une forme de bouton de fleur.

Coupez 5 pièces dans la partie inférieure du calice du bouton de fleur en inclinant légèrement l'ensemble de façon à ce qu'apparaissent des surfaces à ces endroits.

Incisez une feuille fine sur chacune des surfaces.

Détachez la chair du fruit se trouvant derrière afin de mettre les feuilles plus nettement en valeur.

Asportare un terzo della barbabietola partendo dall'alto, sbucciare la parte restante e darle la forma di una rosa.

Tagliare 5 pezzi leggermente obliqui nella zona inferiore del calice, in modo tale che in questi punti si ottengano delle facciate.

Incidere una foglia sottile in ognuna di queste 5 facciate.

Per mettere le foglie più in evidenza, togliere la polpa retrostante.

Retirar el tercio superior de la remolacha, pelar el resto y llevarla a una forma de flor.

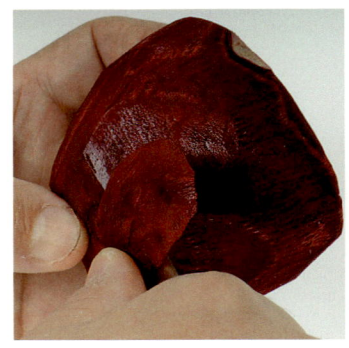

En la parte inferior del cáliz de flores cortar oblicuamente de forma ligera 5 partes, de manera que en estos puntos se generen superficies.

En las 5 superficies entallar un pétalo fino en cada caso.

Para hacer resaltar más los pétalos, soltar la pulpa que se encuentra por detrás.

05

Für eine zweite Blütenreihe, jeweils versetzt zur ersten, ein Blütenblatt mit dem Küchenmesser vorzeichnen.

06

Mit dem Thai-Messer die Blütenblätter vorsichtig tief einschneiden.

07

Das dahinterliegende Fruchtfleisch mit dem Küchenmesser auslösen.

08

Mit der selben Technik bis ins Zentrum weiterarbeiten.

Fertige Blüte.

For a second row of petals next to the first one trace a petal with the kitchen knife.

Use the Thai knife to carefully carve the petals deeply.

Remove the fruit below the petals with the kitchen knife.

Continue with this technique up to the middle.

Flower finished.

Prédessinez un pétale de fleur à l'aide du couteau de cuisine pour une deuxième rangée de fleurs, à chaque fois décalée par rapport à la première.

Incisez profondément, avec précaution, les pétales de fleur à l'aide du couteau thaï.

Détachez, à l'aide du couteau de cuisine, la chair du fruit se trouvant derrière.

Continuez à procédez ainsi jusqu'au centre avec la même technique.

Bouton de fleur achevé.

Per ottenere una seconda fila di fiori in ordine sfasato rispetto alla prima, disegnare un petalo servendosi del coltello da cucina.

Con cautela incidere in profondità i petali, utilizzando il coltello Thai.

Staccare la polpa retrostante servendosi del coltello da cucina.

Procedere con la stessa tecnica fino ad arrivare al centro.

Ed ecco pronto il fiore.

Para una segunda fila de pétalos en cada caso desplazada con relación a la primera, predelinear un pétalo con el cuchillo de cocina.

Con el cuchillo tailandés entallar los pétalos cuidadosamente de manera profunda.

Con un cuchillo de cocina soltar la pulpa que se encuentra por detrás.

Con la misma técnica continuar trabajando hasta el centro.

Flor terminada.

134 ANANAS-VOGEL / PINEAPPLE BIRD / OISEAU EN ANANAS / UCCELLO DI ANANAS / PÁJARO DE PIÑA

Vorbereitung
1 Ananas
Thai-Messer
Küchenmesser
Früchte für Fruchtspieße

Preparation
1 pineapple
Thai knife
kitchen knife
fruit for fruit skewer

Préparation
1 Ananas
Couteau thaï
Couteau de cuisine
Fruits pour brochette de fruits

Preparazione
1 ananas
Coltello Thai
Coltello da cucina
Frutta per spiedini

Preparación
1 Piña
Cuchillo Tailandés
Cuchillo de cocina
Frutas para pinchos

01	02	03	04
Strunk entfernen und Ananas so schälen, dass die Struktur noch erhalten bleibt.	Für die Flügel auf beiden Seiten ein 2–3 cm dickes Stück abschneiden.	Mit dem Küchenmesser die Form des Vogelkopfes und des Körpers andeuten.	Kopf mit Schnabel herausarbeiten.
Remove stalk and peel pineapple, keeping the same structural form.	For the wings cut off a piece 2–3 cm thick from each side.	With the kitchen knife make roughly the form of a bird's head and body.	Form the head with beak.
Enlevez le trognon et épluchez l'ananas de manière à ce que la structure demeure.	Coupez un morceau de 2–3 cm d'épaisseur sur les deux côtés pour l'aile.	Suggérez la forme de la tête et du corps de l'oiseau à l'aide du couteau de cuisine.	Réalisez la tête avec le bec.
Togliere l'infiorescenza e sbucciare l'ananas in modo tale che la struttura rimanga intatta.	Per fare le ali tagliare un pezzo di 2–3 cm di spessore su entrambi i lati.	Servendosi del coltello da cucina abbozzare la forma della testa e del corpo del volatile.	Elaborare la testa con il becco.
Retirar el tronco y pelar la piña de tal manera, que aún se conserve la estructura.	Para las alas cortar a ambos lados un trozo de 2–3 cm de espesor.	Con un cuchillo de cocina bosquejar la forma de la cabeza del pájaro y del cuerpo.	Trabajar la cabeza con el pico.

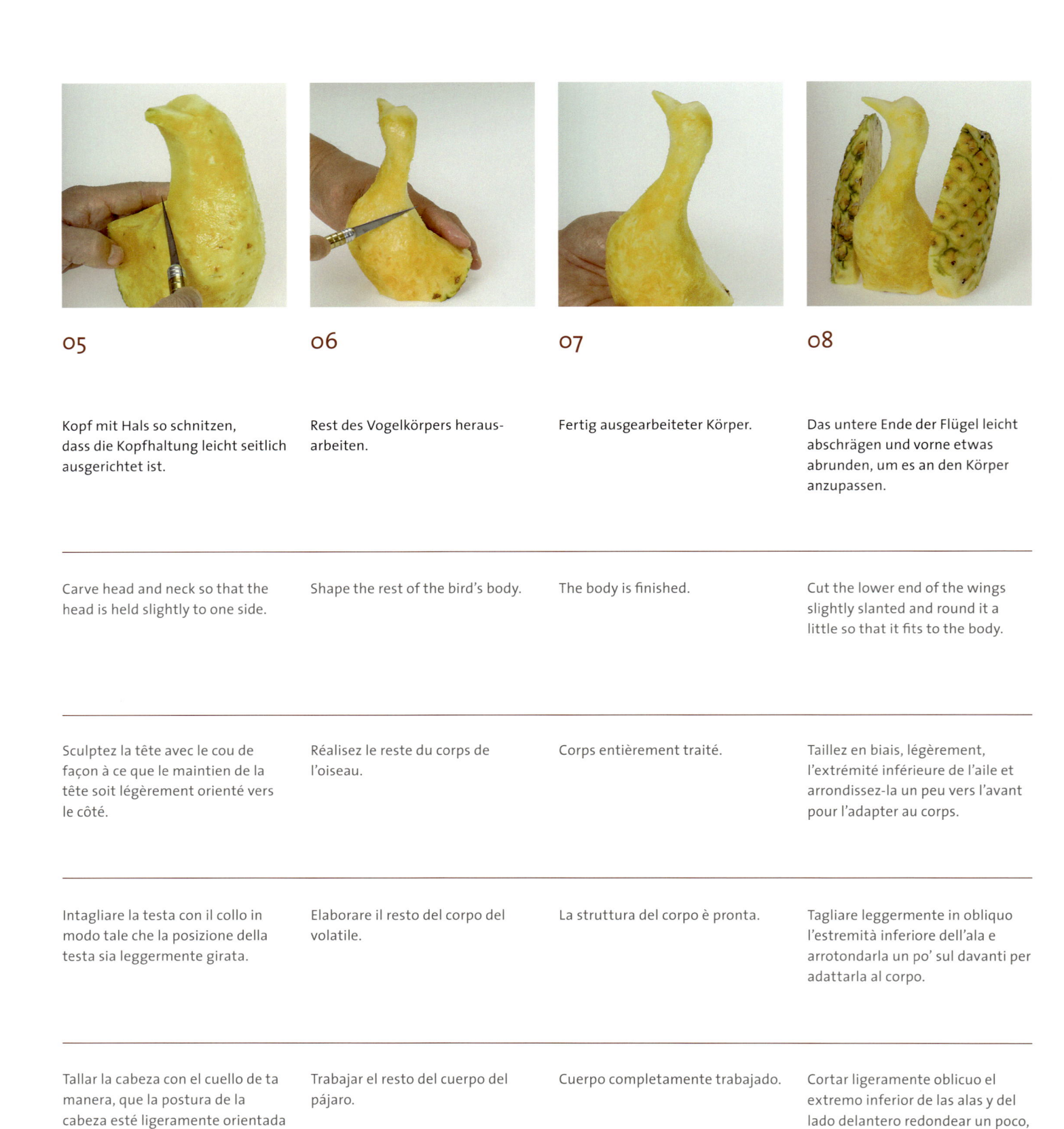

136 ANANAS-VOGEL / PINEAPPLE BIRD / OISEAU EN ANANAS / UCCELLO DI ANANAS / PÁJARO DE PIÑA

05

06

07

08

Kopf mit Hals so schnitzen, dass die Kopfhaltung leicht seitlich ausgerichtet ist.

Rest des Vogelkörpers herausarbeiten.

Fertig ausgearbeiteter Körper.

Das untere Ende der Flügel leicht abschrägen und vorne etwas abrunden, um es an den Körper anzupassen.

Carve head and neck so that the head is held slightly to one side.

Shape the rest of the bird's body.

The body is finished.

Cut the lower end of the wings slightly slanted and round it a little so that it fits to the body.

Sculptez la tête avec le cou de façon à ce que le maintien de la tête soit légèrement orienté vers le côté.

Réalisez le reste du corps de l'oiseau.

Corps entièrement traité.

Taillez en biais, légèrement, l'extrémité inférieure de l'aile et arrondissez-la un peu vers l'avant pour l'adapter au corps.

Intagliare la testa con il collo in modo tale che la posizione della testa sia leggermente girata.

Elaborare il resto del corpo del volatile.

La struttura del corpo è pronta.

Tagliare leggermente in obliquo l'estremità inferiore dell'ala e arrotondarla un po' sul davanti per adattarla al corpo.

Tallar la cabeza con el cuello de ta manera, que la postura de la cabeza esté ligeramente orientada hacia un lado.

Trabajar el resto del cuerpo del pájaro.

Cuerpo completamente trabajado.

Cortar ligeramente oblicuo el extremo inferior de las alas y del lado delantero redondear un poco, para adaptarlo al cuerpo.

| 09 | 10 | 11 | 12 |

| Unterschiedlich lange Dreiecke an der Flügelkante entlang herausschneiden. | Strunk einer zweiten Ananas entfernen und mit Fruchtspießen dekorieren, um die Optik eines gefächerten Schwanzes zu erzeugen. | Den Vogel auf die zweite Ananas aufsetzen. Zwei Pfefferkörner als Augen anbringen. Einen Kamm sowie Füße aus Galiamelone schnitzen und mit Leim ankleben. | Fertiger Vogel. |

| Cut out triangles of various lengths along the edge of the wings. | Remove the stalk from from a second pineapple and decorate with skewers with fruit to produce the impression of a fanned-out tail. | Place the bird on the second pineapple. Use two pepper corns as eyes. Carve a comb and feet from a Gallia melon and fix in place with glue. | Bird is finished. |

| Extrayez des triangles de longueur variée le long du bord de l'aile. | Enlevez le trognon d'un deuxième ananas et décorez-le avec des brochettes de fruits pour obtenir l'aspect d'une queue graduelle. | Posez l'oiseau sur le deuxième ananas. Posez deux grains de poivre pour faire les yeux de l'oiseau. Sculptez une crête et des pieds en melon Galia et collez-les avec de la colle. | Oiseau achevé. |

| Ritagliare dei triangoli di diversa lunghezza lungo i bordi delle ali. | Asportare l'infiorescenza di un secondo ananas e decorarlo con degli spiedini di frutta per dare l'idea di una coda a ventaglio. | Collocare il volatile sul secondo ananas. Usare due chicchi di pepe per gli occhi dell'uccello. Intagliare la cresta e i piedi da un melone retato e fissarli con la colla. | Il volatile è pronto. |

| Recortar triángulos de diferentes longitudes a lo largo del canto de las alas. | Retirar el tronco de una segunda piña y decorarlo con pinchos de frutas, para crear la óptica de una cola en abanico. | Colocar el pájaro sobre la segunda piña. Aplicar dos granos de pimienta como ojos del pájaro. Tallar la cresta, así como paras de un melón Galia y pegarlos con cola. | Pájaro terminado. |

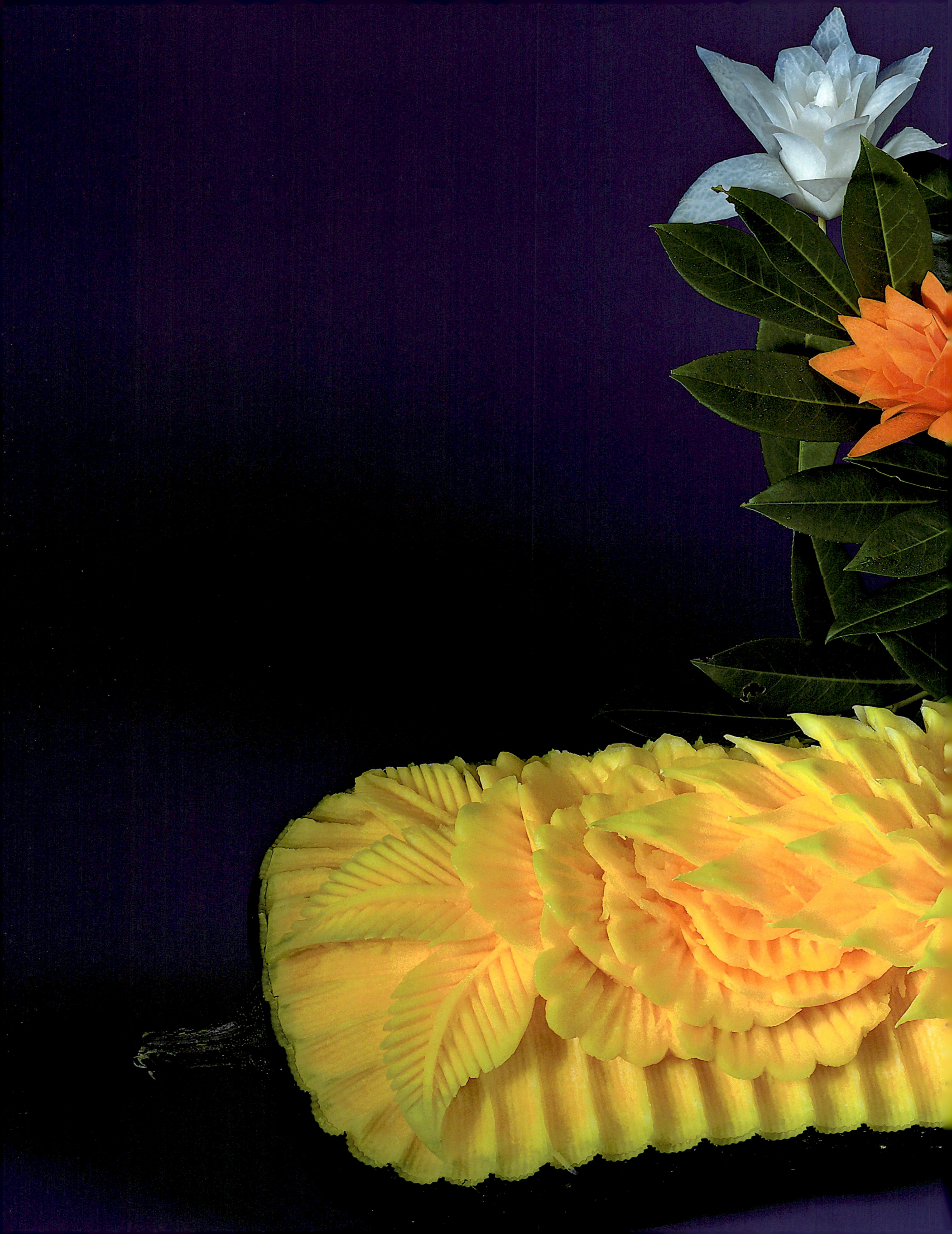

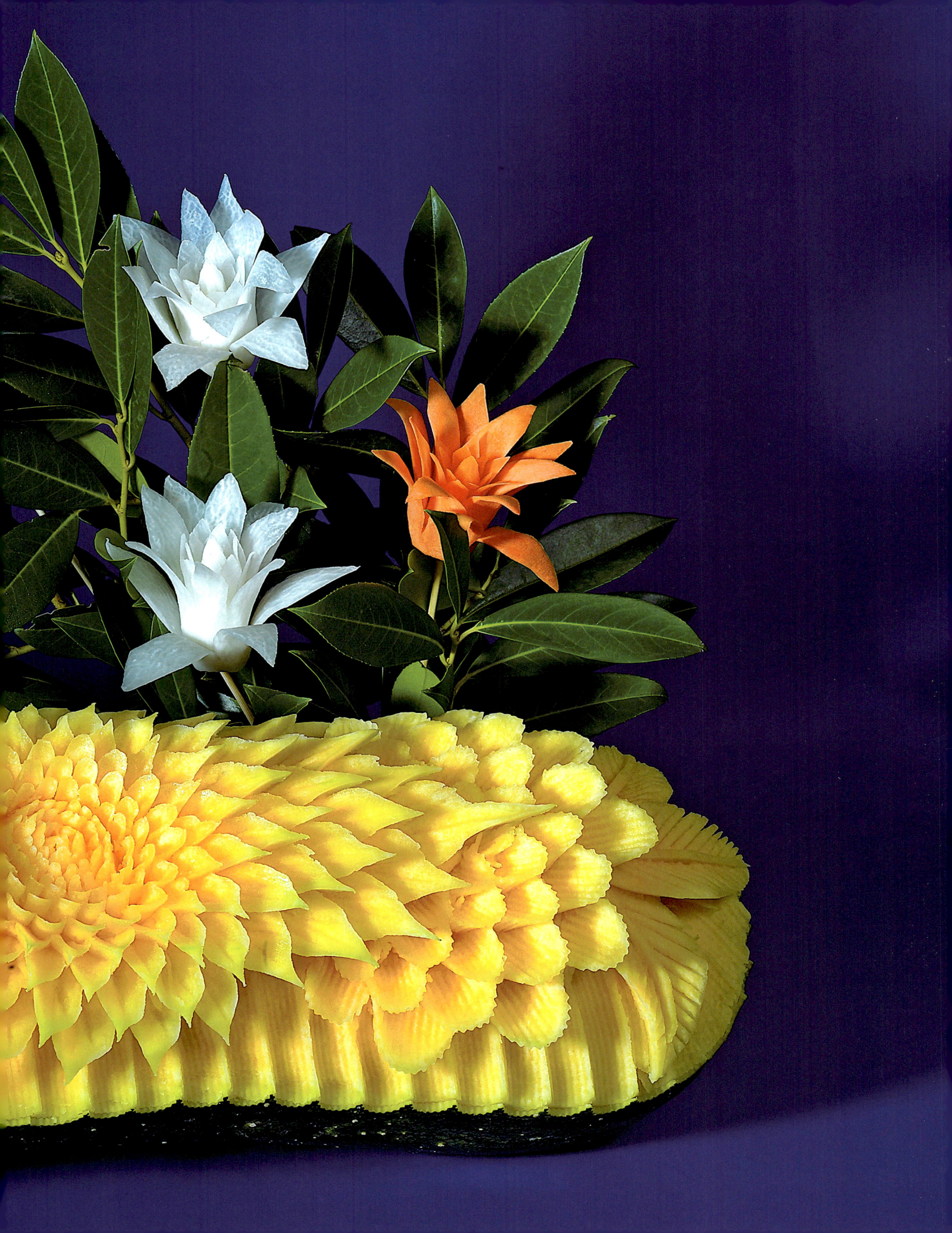

KAROTTENSPERLING / CARROT SPARROW / MOINEAU EN CAROTTES / PASSERO DI CAROTA / GORRIÓN DE ZANAHORIA

Vorbereitung
1 Karotte
Schnitzmesser V 1
Küchenmesser
Thai-Messer

Preparation
1 carrot
paring knife
kitchen knife
Thai knife

Préparation
1 carotte
gouge V 1
Couteau de cuisine
Couteau thaï

Preparazione
1 carota
coltello da intaglio V 1
Coltello da cucina
Coltello Thai

Preparación
1 Zanahoria
cuchillo de tallado V 1
Cuchillo de cocina
Cuchillo Tailandés

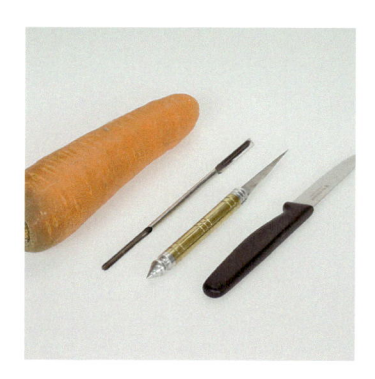

01

Oberes und unteres Ende der Karotte entfernen. Links und rechts einen schmalen Streifen für die Flügel abschneiden.

Remove upper and lower ends of the carrot. On the left and right cut a narrow slot for the wings.

Enlevez les extrémités supérieure et inférieure de la carotte. Coupez, à gauche et à droite, une mince bande pour l'aile.

Asportare l'estremità superiore ed inferiore della carota. Ritagliare a sinistra e a destra una striscia sottile per le ali.

Retirar el extremo superior e inferior de la zanahoria A la izquierda y a la derecha cortar una tira fina para las alas.

02

An der Kopfseite links und rechts ein keilförmiges Stück abschneiden.

Cut off a wedge shape from the left and right at the head side.

Coupez un morceau en forme de cône à gauche et à droite sur le côté de la tête.

Sul lato destro e sinistro della testa asportare un pezzetto a forma di cuneo.

Cortar un trozo de forma cónica en el lado de la cabeza a la izquierda y a la derecha.

03

Mit dem Thai-Messer Schnabel, Kopf, Körper und Füße vorformen.

Use the Thai knife to form the head, body and feet.

Préformez le bec, la tête, le corps et les pieds à l'aide du couteau thaï.

Servendosi del coltello Thai modellare il becco, la testa, il corpo e le zampette.

Con el cuchillo tailandés conformar pico, cabeza, cuerpo y patas.

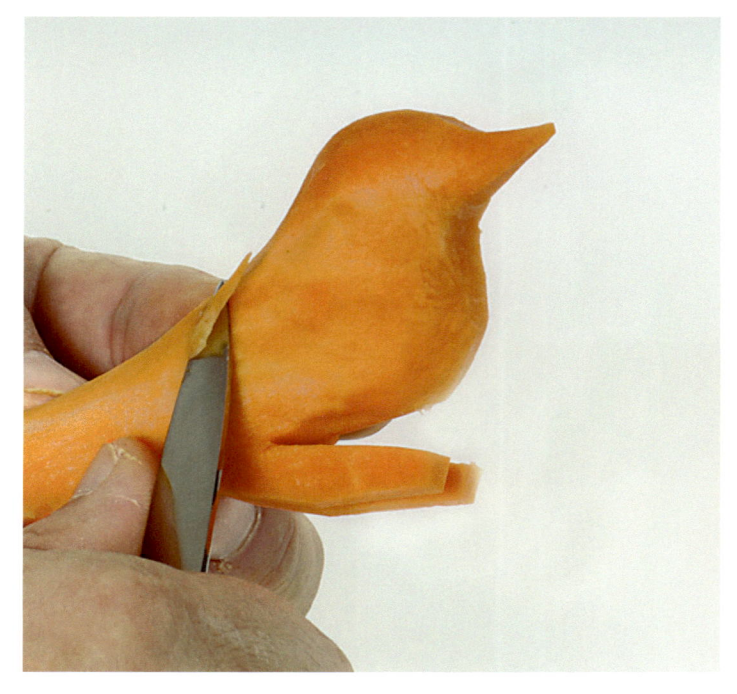

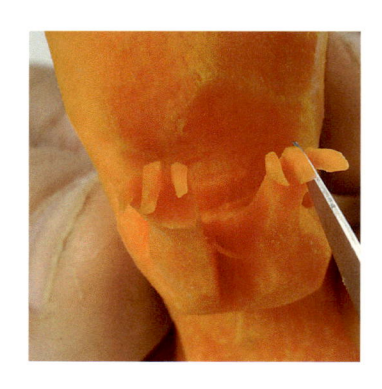

142 KAROTTENSPERLING / CARROT SPARROW / MOINEAU EN CAROTTES / PASSERO DI CAROTA / GORRIÓN DE ZANAHORIA

04

Mit dem Küchenmesser die Körperform schnitzen.

Use the kitchen knife to carve the body shape.

Sculptez la forme du corps à l'aide du couteau de cuisine.

Intagliare la forma del corpo con il coltello da cucina.

Con el cuchillo de cocina tallar la forma del cuerpo.

05

Füße deutlich herausarbeiten und mit dem Schnitzmesser V 1 eine gebogene Krallenform ausstechen.

Form the feet clearly and cut claws using the paring knife.

Réalisez nettement les pieds et faites ressortir les griffes à l'aide de la gouge V 1.

Evidenziare i piedi e incidere gli artigli utilizzando il coltello da intaglio V 1.

Trabajar notablemente las patas y con el cuchillo de tallado V 1 abrir las garras.

06

Mit dem Küchenmesser an jedem Fuß 3 Krallen schnitzen.

Use the kitchen knife to carve three claws on each foot.

À l'aide du couteau de cuisine, sculptez 3 griffes à chaque pied.

Servendosi del coltello da cucina intagliare 3 artigli per ogni piede.

Con el cuchillo de cocina, tallar 3 garras en cada pata.

07

Im Brustbereich mit dem Schnitzmesser V1 Federn vorstechen. Diese durch Entfernen des dahinterliegenden Fruchtfleisches freistellen.

Using paring knife V1 cut feathers in the breast. Remove the fruit behind them make them more prominent.

Percez préalablement les plumes dans la zone du jabot à l'aide de la gouge V1. Dégagez ces dernières en retirant la chair du fruit se trouvant derrière.

Con l'ausilio del coltello da intaglio V1 scavare le piume nella zona del petto e metterle in evidenza mediante l'asporto della polpa retrostante.

En la zona del pecho pregrabar plumas con el cuchillo de tallado V1. Dejar libres estos retirando la pulpa que se encuentra por detrás.

08

Am Rücken die gleiche Technik anwenden, allerdings sollten hier die Federn etwas länger sein.

Use the same technique on the back but make the feathers longer here.

Appliquez la même technique au dos, mais les plumes doivent être légèrement plus longues.

Utilizzare la stessa tecnica per il dorso, tenendo conto che qui le piume devono essere un po' più lunghe.

En la espalda emplear la misma técnica, sin embargo las plumas aquí deben ser un poco más largas.

Am Schwanz von der Mitte bis nach außen stufenförmige Rillen einschneiden.

Cut stepped grooves on the tail from the middle towards the outer edges.

Incisez sur la queue des rainures en degrés, depuis le milieu vers l'extérieur.

Incidere sulla coda delle scanalature graduate, procedendo dal centro verso l'esterno.

En la cola a partir del centro hacia fuera, cortar ranuras en forma escalonada.

09

Fertiger Vogel ohne Flügel.

The bird is finished except for the wings.

Oiseau achevé sans aile.

Il volatile è pronto, ma ancora privo d'ali.

Pájaro terminado sin alas.

144 KAROTTENSPERLING / CARROT SPARROW / MOINEAU EN CAROTTES / PASSERO DI CAROTA / GORRIÓN DE ZANAHORIA

10

11

12

Aus den dünnen Seitenteilen eine Flügelform ausschneiden. Die Kanten abrunden und Schwungfedern einschneiden.

Flügel an beiden Seiten mit Leim befestigen. Augen aus Pfefferkörnern anbringen.

Fertiges Schaustück.

For the wings cut a wing shape from the thin side pieces. Round off the edges and carve out wing feathers. Round off the edges and cut off the wing feathers.

Attach the wings on each side with glue. Use peppercorns for the eyes.

The showpiece is finished.

Pour l'aile, découpez également une forme d'aile à partir des minces parties latérales. Arrondissez les bords et extrayez les plumes primaires.

Fixez l'aile sur les deux côtés avec de la colle. Posez des yeux en grains de poivre.

Aspect final achevé.

Ritagliare la forma delle ali dalle sottili strisce laterali. Perfezionare i bordi e ritagliare le penne maestre.

Fissare le ali ad entrambi i lati con la colla. Usare grani di pepe come occhi.

L'oggetto da esposizione è pronto.

Para las alas, recortar de la partes laterales finas una forma de ala. Redondear los cantos y recortar las plumas de impulso.

Fijar las alas con cola a ambos lados. Aplicar ojos de granos de pimienta.

Pieza de exposición terminada.

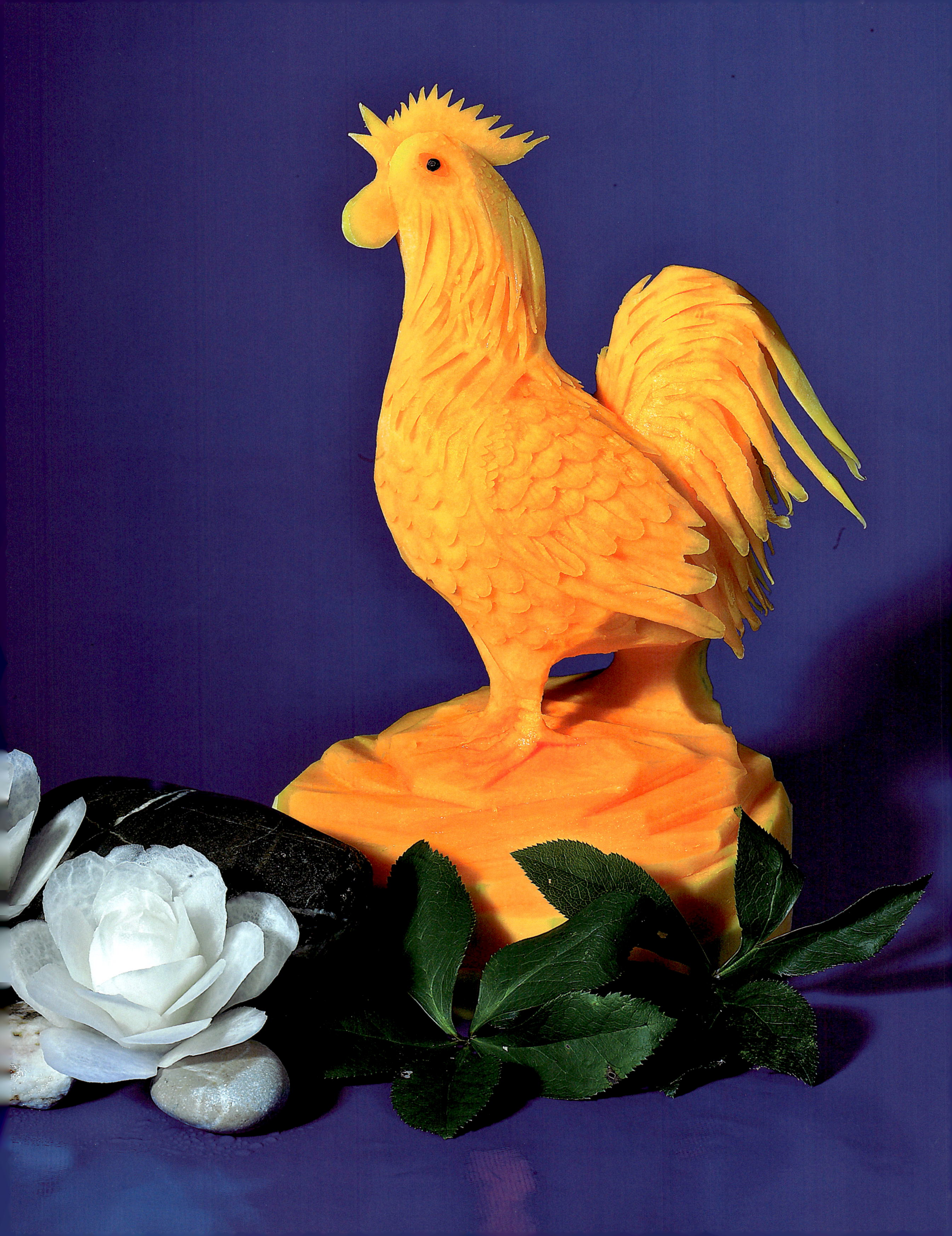

146 CHRYSANTHEME / CHRYSANTHEMUM / CHRYSANTHÈME / CRISANTEMI / CRISANTEMO

Vorbereitung
1 Rote Bete
Schnitzmesser V 1
Küchenmesser

Preparation
1 beetroot
paring knife V 1
kitchen knife

Préparation
1 betterave
Gouge V 1
Couteau de cuisine

Preparazione
1 barbabietola
Coltello da intaglio V 1
Coltello da cucina

Preparación
1 Remolacha
Cuchillo de tallado V 1
Cuchillo de cocina

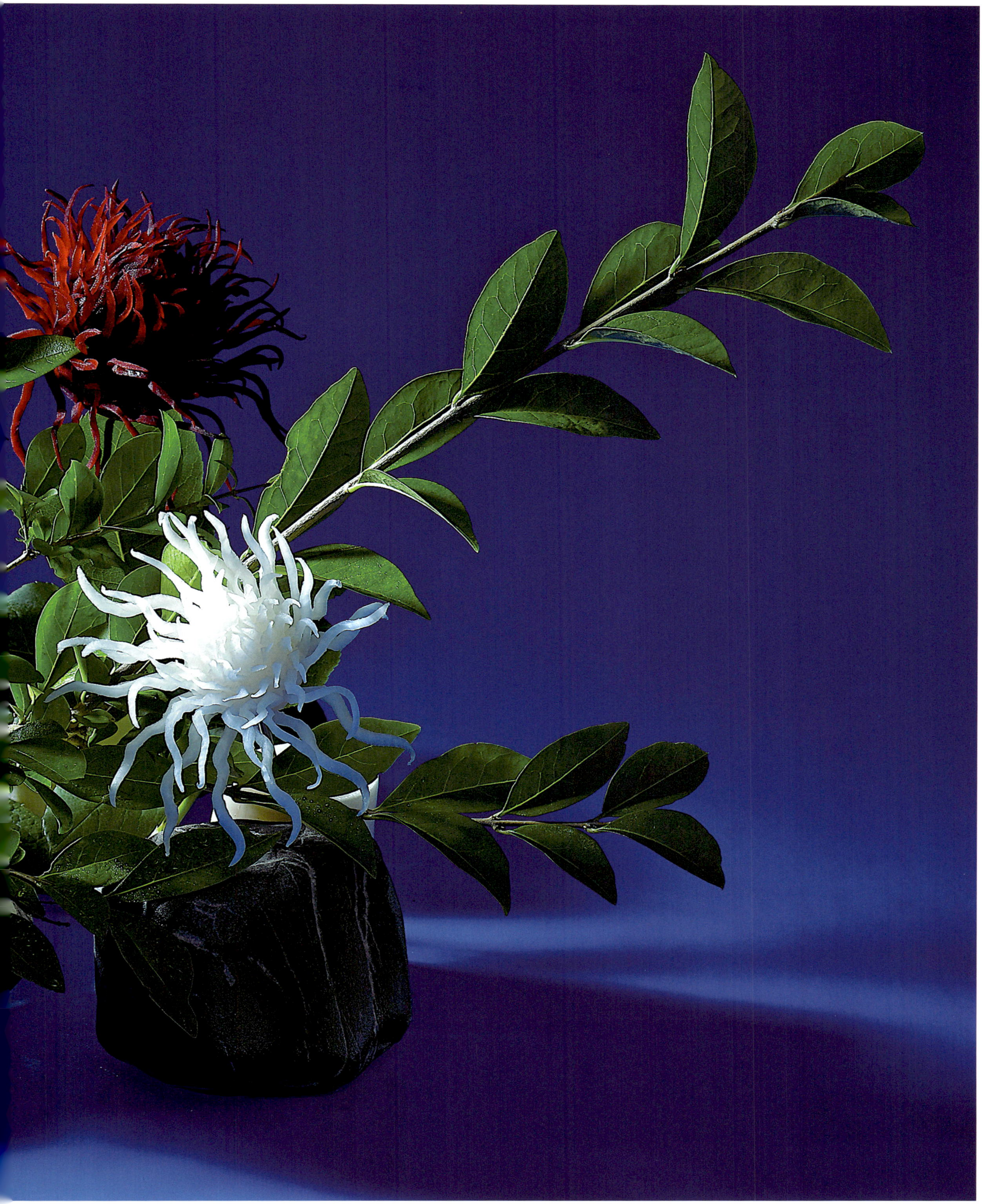

CHRYSANTHEME / CHRYSANTHEMUM / CHRYSANTHÈME / CRISANTEMI / CRISANTEMO

01

02

Oberes Drittel der Roten Bete entfernen, Rest schälen und unteren Teil rund schnitzen.

Mit dem Schnitzmesser V1 von oben wellenförmige Streifen einschneiden.

Remove the upper third of the beetroot, peel the rest and round off the lower part.

Using paring knife V1 pare away wavy strips from the top.

Enlevez le tiers supérieur de la betterave, épluchez le reste et sculptez en rond la partie inférieure.

Incisez, depuis le haut, une bande de forme ondulée à l'aide de la gouge V1.

Asportare un terzo della barbabietola partendo dall'alto, sbucciare il resto ed arrotondare la parte inferiore.

Partendo dall'alto intagliare delle strisce ondulate con il coltello da intaglio V1.

Retirar el tercio superior de la remolacha, pelar el resto y tallar redonda la parte inferior.

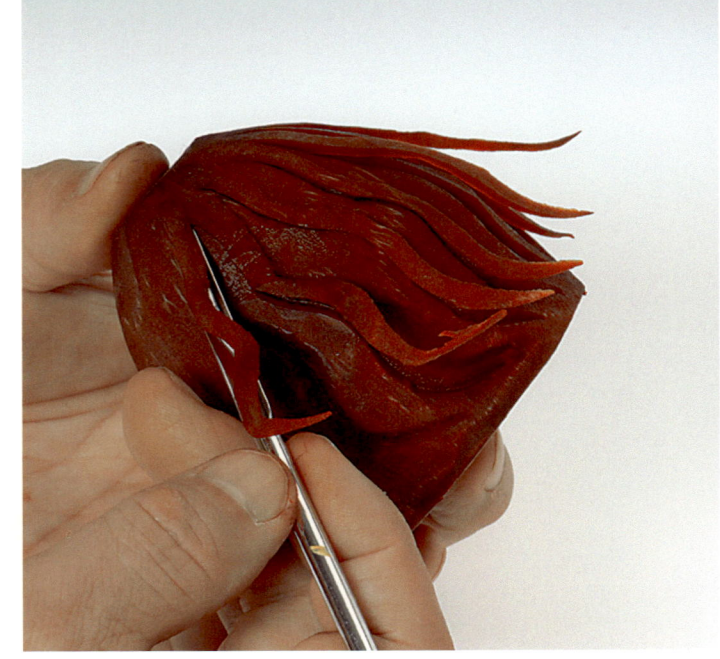

Con el cuchillo de tallado V1 cortar tiras desde arriba en forma ondulada.

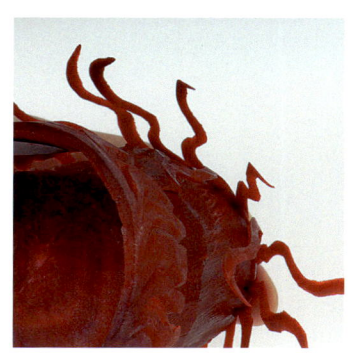

03

Für die zweite Reihe Blütenblätter erst die entstandenen Vertiefungen wegschneiden, dann mit der gleichen Technik fortfahren, allerdings von der Gegenseite aus.

Before carving the second row of petals cut the underlying fruit flat, then continue with the same technique from the other side.

Pour la deuxième rangée de pétales de fleur, enlevez d'abord les creusements apparus, puis continuez avec la même technique, mais du côté opposé.

Per la seconda fila di petali tagliare prima via le cavità che si sono formate e poi continuare con la stessa tecnica ma dalla parte opposta.

Para la segunda fila de pétalos cortar primero la huella generada, a continuación continuar con la misma técnica, sin embargo a partir del lado opuesto.

04

Immer abwechselnd bis zum Zentrum weiterarbeiten.

Continue working on alternative sides towards the middle.

Continuez à travailler en alternance jusqu'au centre.

Procedere in questo modo, alternativamente, fino al centro.

Continuar trabajando siempre alternadamente hasta el centro.

05

Fertige Blüte.

Flower is finished.

Bouton de fleur achevé.

E voilà, il fiore è pronto.

Flor terminada.

150 KÜRBIS-BLUME / PUMPKIN FLOWER / FLEUR EN CITROUILLE / FIORE DI ZUCCA / FLOR DE CALABAZA

Vorbereitung
1 Hokkaido-Kürbis
Schnitzmesser V 1–V 6
Rillmeißel 3–6
Küchenmesser

Preparation
1 pumpkin
paring knives V 1–V 6
grooving chisel 3–6
kitchen knife

Préparation
1 citrouille
Gouge V 1–V 6
Burin à rainures 3–6
Couteau de cuisine

Preparazione
1 zucca
Coltello da intaglio V 1–V 6
Scalpello per scanalature 3–6
Coltello da cucina

Preparación
1 Calabaza
Cuchillos de tallado V 1–V 6
Cinceles de ranurado 3–6
Cuchillo de cocina

01　　　　　　　　　　　　　02　　　　　　　　　　　　　03

Mit dem Küchenmesser am Stilansatz entlang einen Kreis schneiden und so weit schälen, bis eine grüne Kuppe zu sehen ist. Mit dem Schnitzmesser V 1 Blattreihen stechen.

Außerhalb des grünen Zentrums beginnend eine Blattreihe mit dem Schnitzmesser V 1 stechen.

Diese Blattreihe mit dem gleichen Schnitzmesser freistellen und versetzt dazu mit Schnitzmesser V 2 auf die gleiche Weise eine zweite Blattreihe stechen.

Using the kitchen knife cut a circle along the stalk end and peel it so far that a green dome is made. Use paring knife V 1 to carve 2 rows of petals.

Beginning outside the green centre, carve a row of petals using paring knife V 1.

Expose this row of petals with the same paring knife and cut in a second row next to it using paring knife V 2.

À l'aide du couteau de cuisine, coupez un cercle le long du point de départ du pistil et épluchez jusqu'à ce qu'on puisse voir un bout vert. Piquez 2 rangées de feuilles à l'aide de la gouge V 1

En commençant en-dehors du centre vert, piquez une rangée de feuilles à l'aide de la gouge V 1.

Dégagez cette rangée de feuilles avec la même gouge et piquez en outre de la même manière, à l'aide de la gouge V 2, une seconde rangée de feuilles.

Effettuare un taglio circolare lungo l'attaccatura del gambo e sbucciare finché si riesce vedere un picciolo verde. Servendosi del coltello da intaglio V 1 incidere 2 file di foglie.

Iniziando all'esterno del centro verde incidere una fila di foglie con il coltello da intaglio V 1.

Mettere in risalto questa fila di foglie con lo stesso coltello da intaglio e formare nello stesso modo una seconda fila di foglie, sfasata rispetto alla prima, servendosi del coltello da intaglio V 2

Con el cuchillo de cocina cortar un círculo a lo largo de la base del tallo y pelar hasta que sea vea un segmento verde. Con el cuchillo de tallado V 1 tallar filas de pétalos.

Comenzando fuera del centro verde, tallar una fila de pétalos con el cuchillo de tallado V 1.

Dejar libre esta serie de pétalos con el mismo cuchillo de tallado y desplazado con respecto a esta, tallar con el cuchillo de tallado V 2 una segunda fila de pétalos del mismo modo.

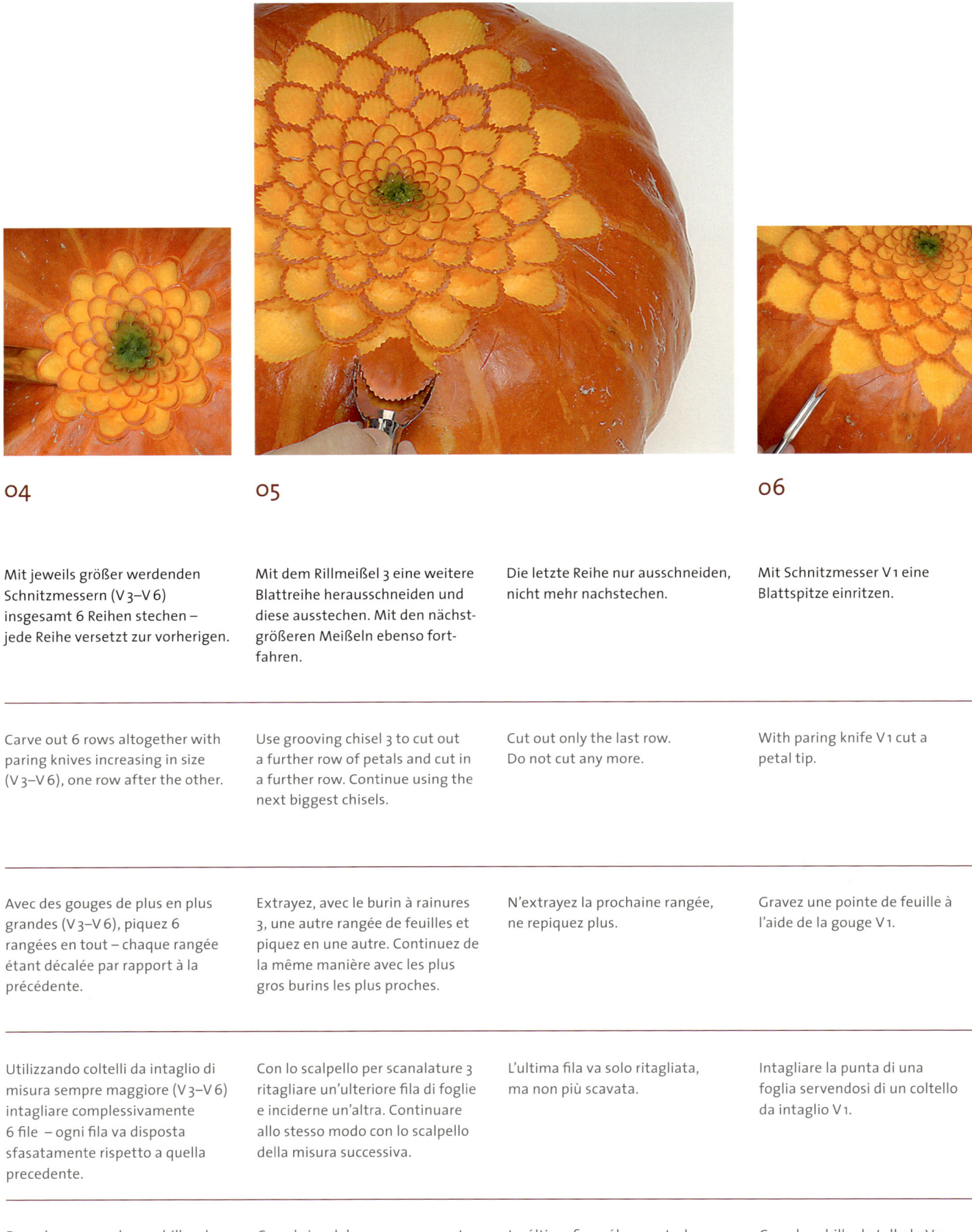

152 KÜRBIS-BLUME / PUMPKIN FLOWER / FLEUR EN CITROUILLE / FIORE DI ZUCCA / FLOR DE CALABAZA

04

05

06

Mit jeweils größer werdenden Schnitzmessern (V 3–V 6) insgesamt 6 Reihen stechen – jede Reihe versetzt zur vorherigen.

Mit dem Rillmeißel 3 eine weitere Blattreihe herausschneiden und diese ausstechen. Mit den nächstgrößeren Meißeln ebenso fortfahren.

Die letzte Reihe nur ausschneiden, nicht mehr nachstechen.

Mit Schnitzmesser V 1 eine Blattspitze einritzen.

Carve out 6 rows altogether with paring knives increasing in size (V 3–V 6), one row after the other.

Use grooving chisel 3 to cut out a further row of petals and cut in a further row. Continue using the next biggest chisels.

Cut out only the last row. Do not cut any more.

With paring knife V 1 cut a petal tip.

Avec des gouges de plus en plus grandes (V 3–V 6), piquez 6 rangées en tout – chaque rangée étant décalée par rapport à la précédente.

Extrayez, avec le burin à rainures 3, une autre rangée de feuilles et piquez en une autre. Continuez de la même manière avec les plus gros burins les plus proches.

N'extrayez la prochaine rangée, ne repiquez plus.

Gravez une pointe de feuille à l'aide de la gouge V 1.

Utilizzando coltelli da intaglio di misura sempre maggiore (V 3–V 6) intagliare complessivamente 6 file – ogni fila va disposta sfasatamente rispetto a quella precedente.

Con lo scalpello per scanalature 3 ritagliare un'ulteriore fila di foglie e inciderne un'altra. Continuare allo stesso modo con lo scalpello della misura successiva.

L'ultima fila va solo ritagliata, ma non più scavata.

Intagliare la punta di una foglia servendosi di un coltello da intaglio V 1.

En cada caso con los cuchillos de tallado inmediatamente mayores (V 3–V 6) tallar en total 6 filas – cada fila desplazada con relación a la anterior.

Con el cincel de ranuras 3 recortar otra fila de pétalos y tallar una más. Con el cincel mayor siguiente continuar del mismo modo.

La última fina sólo recortarla, ya no tallarla.

Con el cuchillo de tallado V 1 ranurar la punta de una hoja.

07

Blume mit dem Küchenmesser in gewünschter Größe umranden und innerhalb der Umrandung schälen.

Cut a border on the flower with the kitchen knife in the required size and peel inside the border.

Réalisez dans la taille souhaitée le pourtour de la fleur à l'aide du couteau de cuisine et épluchez à l'intérieur de ce pourtour.

Utilizzando il coltello da cucina fare al fiore un orlo della grandezza desiderata, poi sbucciarlo all'interno.

Contornar la flor con el cuchillo de cocina al tamaño deseado y pelar dentro del contorno.

08

Fertige Blume.

Flower is finished.

Fleur achevée.

Ed ecco pronto il fiore.

Flor terminada.

09

Blume aus dem Kürbis auslösen.

Cut the flower off the pumpkin.

Détachez la fleur de la citrouille.

Staccare il fiore ed estrarlo dalla zucca.

Separar la flor de la calabaza.

154 THAI-DAHLIE / THAI DAHLIA / DAHLIA THAÏ / DALIA THAI / DALIA TAILANDESA

VORBEREITUNG
1 Kohlrabi
1 Karotte
Rillmeißel 3, 4
Rundmeißel 1–6
Küchenmesser

PREPARATION
1 kohlrabi
1 carrot
grooving chisels 3, 4
round chisels 1–6
kitchen knife

PRÉPARATION
1 chou-rave
1 carotte
Burin à rainures 3, 4
Burin rond 1–6
Couteau de cuisine

PREPARAZIONE
1 cavolo rapa
1 carota
Scalpello per scanalature 3, 4
Scalpello circolare 1–6
Coltello da cucina

PREPARACIÓN
1 Colinabo
1 Zanahoria
Cinceles de ranurado 3, 4
Cinceles redondos 1–6
Cuchillo de cocina

155

THAI-DAHLIE / THAI DAHLIA / DAHLIA THAÏ / DALIA THAI / DALIA TAILANDESA

01
02
03

Kohlrabi schälen, am Blattansatz abflachen.

Am flachen Ende einen Kreis mit dem Durchmesser von ca. 6 cm schneiden. Messer dabei schräg halten und ca. 2 cm in die Tiefe gehen.

Am äußeren Kreisrand einen ca. 1 cm breiten Ring herausschneiden.

Peel kohlrabi and cut the stalk ends off smoothly.

Cut a circle of about 6 cm diameter at the flat end holding the knife at a slant, cutting about 2 cm deep.

At the outside of the circle cut out a round strip about 1 cm. wide.

Epluchez le chou-rave, aplatissez au départ de la feuille.

Coupez un cercle ayant un diamètre d'env. 6 cm sur l'extrémité plate. Tenez, à cette occasion, le couteau en biais et aller env. 2 cm en profondeur.

Extrayez un cercle d'env.1 cm de large sur le bord extérieur de l'anneau.

Sbucciare il cavolo rapa e appiattirlo all'attaccatura delle foglie.

Tagliare all'estremità piatta un cerchio di circa 6 cm di diametro, tenendo il coltello obliquo e arrivando a circa 2 cm di profondità.

Ritagliare al bordo esterno del cerchio un anello di circa 1 cm di larghezza.

Pelar el colinabo, aplanar en la base de la hoja.

En el extremo plano cortar un círculo con un diámetro de aprox. 6 cm. Sujetar en este caso el cuchillo oblicuamente e ir hasta una profundidad de aprox. 2 cm.

En el borde el círculo exterior recortar un anillo de aprox. 1 cm.

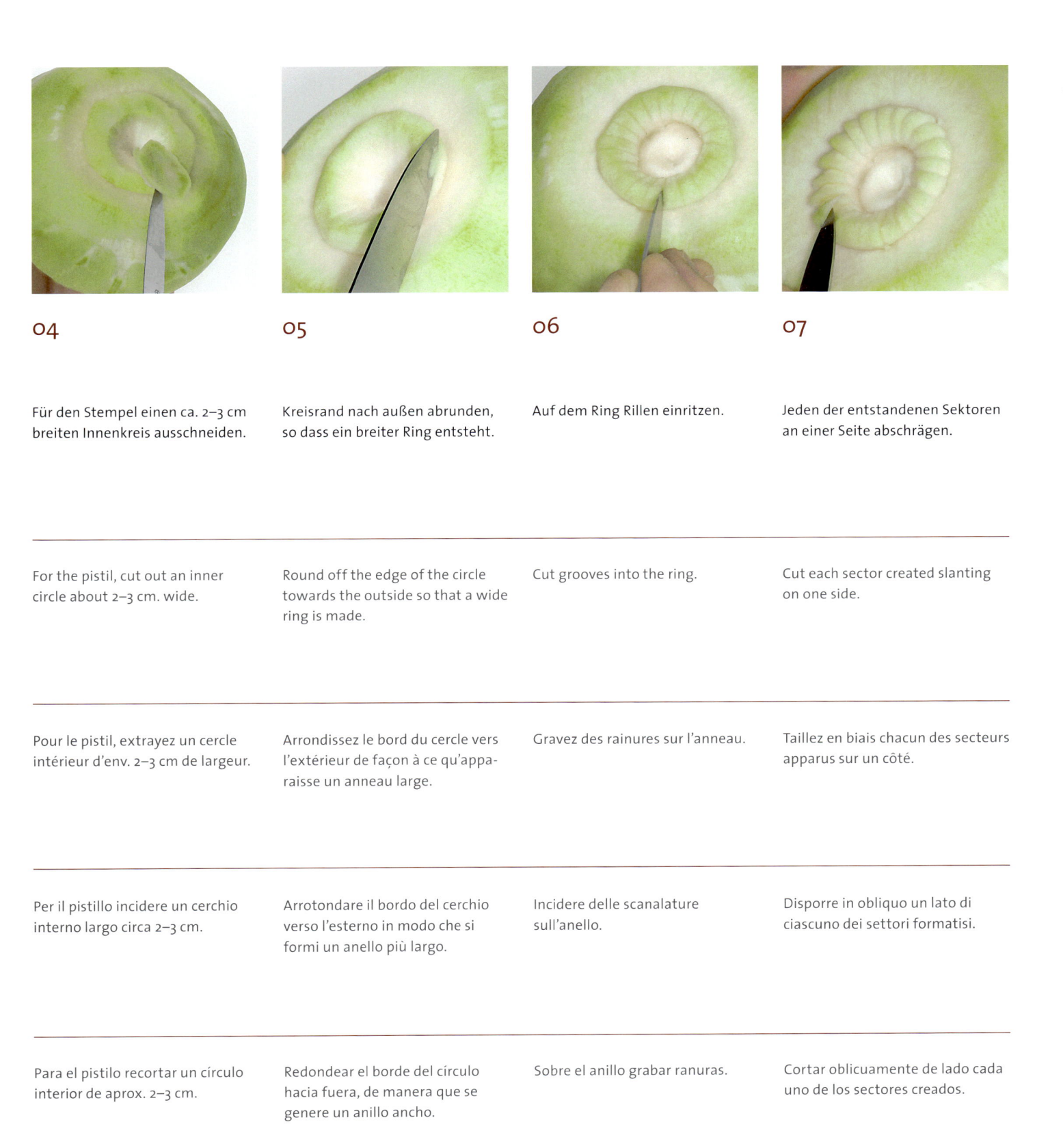

04

05

06

07

Für den Stempel einen ca. 2–3 cm breiten Innenkreis ausschneiden.

Kreisrand nach außen abrunden, so dass ein breiter Ring entsteht.

Auf dem Ring Rillen einritzen.

Jeden der entstandenen Sektoren an einer Seite abschrägen.

For the pistil, cut out an inner circle about 2–3 cm. wide.

Round off the edge of the circle towards the outside so that a wide ring is made.

Cut grooves into the ring.

Cut each sector created slanting on one side.

Pour le pistil, extrayez un cercle intérieur d'env. 2–3 cm de largeur.

Arrondissez le bord du cercle vers l'extérieur de façon à ce qu'apparaisse un anneau large.

Gravez des rainures sur l'anneau.

Taillez en biais chacun des secteurs apparus sur un côté.

Per il pistillo incidere un cerchio interno largo circa 2–3 cm.

Arrotondare il bordo del cerchio verso l'esterno in modo che si formi un anello più largo.

Incidere delle scanalature sull'anello.

Disporre in obliquo un lato di ciascuno dei settori formatisi.

Para el pistilo recortar un círculo interior de aprox. 2–3 cm.

Redondear el borde del círculo hacia fuera, de manera que se genere un anillo ancho.

Sobre el anillo grabar ranuras.

Cortar oblicuamente de lado cada uno de los sectores creados.

08

Mit dem Rundmeißel 1 einen Außenkranz und dahinter mit dem Rundmeißel 3 eine Blattreihe stechen.

Auf die gleiche Weise eine zweite Reihe stechen. Jeweils die zweiten Blattreihen freistellen.

Using round chisel 1 carve a corona on the outside and behind this use round chisel 3 to cut a row of petals.

Cut a second row in the same way. Cut out to expose the second row.

À l'aide du burin rond 1, piquez une couronne extérieure et derrière, à l'aide du burin rond 3, une rangée de feuilles.

Piquez une deuxième rangée de la même manière. Dégagez la deuxième rangée de feuilles dans chaque cas.

Intagliare una ghirlanda esterna con lo scalpello circolare 1 e dietro a questa una fila di foglie con l'aiuto dello scalpello circolare 3.

Nello stesso modo intagliare una seconda fila. Di volta in volta mettere in evidenza la seconda fila di foglie.

Con el cincel redondo 1 tallar una corona exterior y detrás una fila de pétalos con el cincel redondo 3.

Del mismo modo tallar una segunda fila. En cada caso dejar libre las segundas filas de pétalos.

09

Bis nach außen mit der gleichen Technik wie zuvor je zwei Blattreihen stechen, jedoch jeweils mit dem nächstgrößeren Paar Rundmeißel. (2+4, 3+5, 4+6).

Die Blattreihen versetzt anordnen. Ganz außen einen Kranz mit dem Rillmeißel 4 stechen.

Using the same technique as above cut two rows of petals each but each with the next biggest pair of round chisels. (2+4, 3+5, 4+6).

Arrange the rows of petals next to each other.
On the very outside cut a corona using grooving chisel 4.

Piquez vers l'extérieur, avec la même technique, deux rangées de feuilles comme ci-dessus, dans chaque cas cependant avec la prochaine paire des burins ronds les plus grands. (2+4, 3+5, 4+6).

Disposez les rangées de feuilles de façon décalée.
Piquez une couronne tout à fait à l'extérieur à l'aide du burin à rainures 4.

Intagliare fino a fuori rispettivamente due file di foglie con la medesima tecnica di prima, utilizzando a questo scopo le due misure maggiori di scalpelli circolari (2+4, 3+5, 4+6).

Posizionare le file di foglie in ordine sfasato.
Intagliare esternamente una ghirlanda servendosi dello scalpello per scanalature 4.

Tallar con la misma técnica hasta el exterior sendas dos filas de pétalos como arriba, sin embargo en cada caso con el siguiente par mayor de cinceles redondos. (2+4, 3+5, 4+6).

Disponer las filas de pétalos desplazadas.
En el exterior tallar una corona con el cincel de ranurado 4.

| 10 | 11 | 12 |

Um die Blüte freizustellen, den unteren Teil des Kohlrabis ausschneiden.

Für den Stempel einen passenden Kegel aus der Karotte schneiden, über Kreuz einritzen und in den Innenkreis setzten.

Fertige Blüte.

To expose the blossom cut away the lower part of the Kohlrabi.

For the pistil cut a suitable cone from the carrot, make criss-cross cuts in it, then place it in the centre.

Flower is finished.

Extrayez la partie inférieure du chou-rave pour dégager le bouton de fleur.

Pour le pistil, coupez un cône adapté à partir de la carotte, gravez en croix et posez le dans le cercle intérieur.

Bouton de fleur achevé.

Per estrarre il fiore ritagliare la parte inferiore del cavolo rapa.

Per fare il pistillo ritagliare dalla carota un cono adatto, inciderlo a croce e applicarlo al centro del cerchio.

Il fiore è pronto.

Para dejar libre la flor, recortar la parte inferior del colinabo.

Para el pistilo cortar un cono adecuado de una zanahoria, grabar con una cruz y colocarlo en el círculo interior.

Flor terminada.

CHINA-BLUME / CHINESE FLOWER / FLEUR DE CHINE / FIORE CINESE / FLOR CHINA

Vorbereitung
1 Kohlrabi
1 Karotte
Schnitzmesser V 1
Thai-Messer
Küchenmesser

Preparation
1 kohlrabi
1 carrot
paring knife V 1
Thai knife
kitchen knife

Préparation
1 chou-rave
1 carotte
Gouge V 1
Couteau thaï
Couteau de cuisine

Preparazione
1 cavolo rapa
1 carota
Coltello da intaglio V 1
Coltello Thai
Coltello da cucina

Preparación
1 Colinabo
1 Zanahoria
Cuchillo de tallado V 1
Cuchillo Tailandés
Cuchillo de cocina

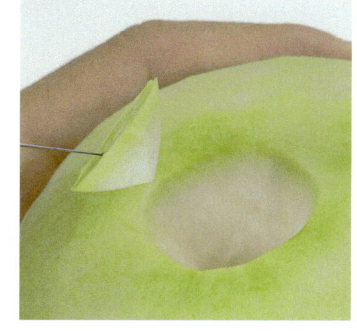

01

Kohlrabi mit Blattansatz nach oben schälen.

02

Mit dem Thai-Messer einen Kreis mit ca. 2 cm Durchmesser ausschneiden und diesen kegelförmig in die Tiefe auslösen.

03

Mit dem Schnitzmesser V 1 v-förmige Rillen nach innen stechen.

Peel kohlrabi with the stalk end upwards.

Using the Tai knife cut a ring of about 2 cm. diameter and cut it out wedge-shaped.

With paring knife V 1 cut V-shaped grooves inwards.

Epluchez le chou-rave avec le départ de feuille vers le haut.

Extrayez, à l'aide du couteau thaï, un cercle d'env. 2 cm de diamètre et détachez ce dernier en profondeur avec une forme de cône.

À l'aide de la gouge V 1, piquez des rainures en forme de V vers l'intérieur.

Sbucciare il cavolo rapa tenendo l'attaccatura delle foglie verso l'alto.

Con il coltello Thai effettuare un taglio circolare di circa 2 cm di diametro, estraendo una forma conica scavata in profondità.

Incidere delle scanalature interne a forma di V servendosi del coltello da intaglio V 1.

Pelar el colinabo con la base de las hojas hacia arriba.

Con el cuchillo tailandés recortar un círculo con aprox. 2 cm de diámetro y separar este en profundidad en forma cónica.

Con el cuchillo de tallado V 1 grabar ranuras en forma de v hacia el interior.

162 CHINA-BLUME / CHINESE FLOWER / FLEUR DE CHINE / FIORE CINESE / FLOR CHINA

04

05

06

Mit dem Thai-Messer am äußeren Rand der Rillen einen Kreis auslösen.

Mit dem Schnitzmesser V1 eine weitere Rillen-Reihe stechen und erneut mit dem Thai-Messer einen Kreis auslösen.

Pro Reihe 3 bis 4 Blätter versetzt herausarbeiten. Dafür Rillen stechen, die Blattformen halbrund zurechtschneiden und von hinten fein auslösen.

Die kommende Reihe wieder versetzt anordnen.

Using the Tai knife cut out a circular strip from the outside edge of the grooved ring.

With paring knife V1 cut a further row of grooves and once more cut off a circular strip with the Thai knife.

Carve 3 or 4 offset petals per row. For this cut grooves, carve the petal form half round and cut it finely from behind.

Arrange the next row again offset.

À l'aide du couteau thaï, détachez un cercle sur le bord extérieur des rainures.

À l'aide de la gouge V1, piquez une autre rangée de rainures et détachez à nouveau un cercle à l'aide du couteau thaï.

Réalisez 3 à 4 feuilles décalées par rangée. Piquez à cet effet des rainures, arrangez les formes demi-rondes de feuille, arrangez-les en coupant et détachez-les délicatement depuis l'arrière.

Disposez à nouveau de façon décalée la rangée à venir.

Con il coltello Thai staccare un cerchio sul bordo esterno delle scanalature.

Con il coltello da intaglio V1 incidere un'altra fila di scanalature, ed effettuare nuovamente un taglio circolare servendosi del coltello Thai.

Ricavare per ogni fila 3–4 foglie in ordine sfasato. Per farlo, incidere delle scanalature, tagliare bene le strutture delle foglie semicircolari ed estrarle con cautela dalla parte posteriore.

Disporre anche le nuove file in ordine sfasato.

Con el cuchillo tailandés separar un círculo en el borde exterior de las ranuras.

Con el cuchillo de tallado V1 grabar otra fila de ranuras y nuevamente separar un círculo con el cuchillo tailandés.

Por fila trabajar 3 a 4 pétalos desplazados. Para ello grabar ranuras, recortar las formas de los pétalos semiredondas y soltar finamente desde atrás.

Disponer la siguiente fila nuevamente desplazada.

07

Diesen Vorgang fortsetzen. Dabei, je weiter es nach außen geht, das nächstgrößere Schnitzmesser verwenden und das Messer jeweils flacher ansetzen, bis die letzte Blütenreihe nach unten zeigt (von 10° bis 100°).
Kohlrabi unten abschneiden.

Continue with this procedure. Use the next biggest paring knife as you work further towards the outside and insert the knife at a shallower angle each time until the last row of petals points downwards (from 10° to 100°).
Cut off the bottom of the kohlrabi.

Poursuivez cette opération. Prenez, à cette occasion, le prochain couteau de la taille au-dessus au fur et à mesure que l'on va vers l'extérieur, et apportez le couteau à chaque fois plus à plat jusqu'à ce que la dernière rangée de fleurs soit dirigée vers le bas (de 10° à 100°).
Coupez le chou-rave en bas.

Continuare con questa procedura. Mano a mano che si procede verso l'esterno utilizzare tuttavia una misura più grande del coltello da intaglio, applicandolo ogni volta in modo più piatto, fino ad arrivare all'ultima fila di fiori, rivolta verso il basso (da 10° fino a 100°).
Tagliare la parte inferiore del cavolo rapa.

Continuar con este procedimiento. En este caso, cuanto más se vaya hacia fuera, utilizar el cuchillo de tallado inmediatamente mayor y aplicar el cuchillo en cada caso más plano, hasta que la última fila de pétalos señale hacia abajo (de 10° a 100°).
Cortar bajo el colinabo.

08

Fertige Blüte mit feinen Karottenstreifen als Staubgefäße.

Add fine strips of carrot as stamens.

Bouton de fleur achevé avec une fine bande de carottes en tant qu'étamine.

Decorare i fiori completi con delle sottili strisce di carote come stami.

Flor terminada con finas tiras de zanahoria como estambres.

CHINESISCHER KÜRBISKORB / CHINESE PUMPKIN BASKET / PANIER EN COURGE CHINOIS / CESTA CINESE DI ZUCCA / CESTA CHINA DE CALABAZA

Vorbereitung
1 Muskat-Kürbis
Rundmeißel 1, 2
Schnitzmesser V 1, V 2
Rillmeißel 4
Küchenmesser

Preparation
1 pumpkin
round chisels 1, 2
paring knives V 1, V 2
groove chisel 4
kitchen knife

Préparation
1 courge
Burin rond 1, 2
Gouge V 1, V 2
Burin à rainures 4
Couteau de cuisine

Preparazione
1 zucca
Scalpello circolare 1, 2
Coltello da intaglio V 1, V 2
Scalpello per scanalature 4
Coltello da cucina

Preparación
1 Calabaza
Cincel redondo 1, 2
Cuchillo de tallado V 1, V 2
Cincel de ranurado 4
Cuchillo de cocina

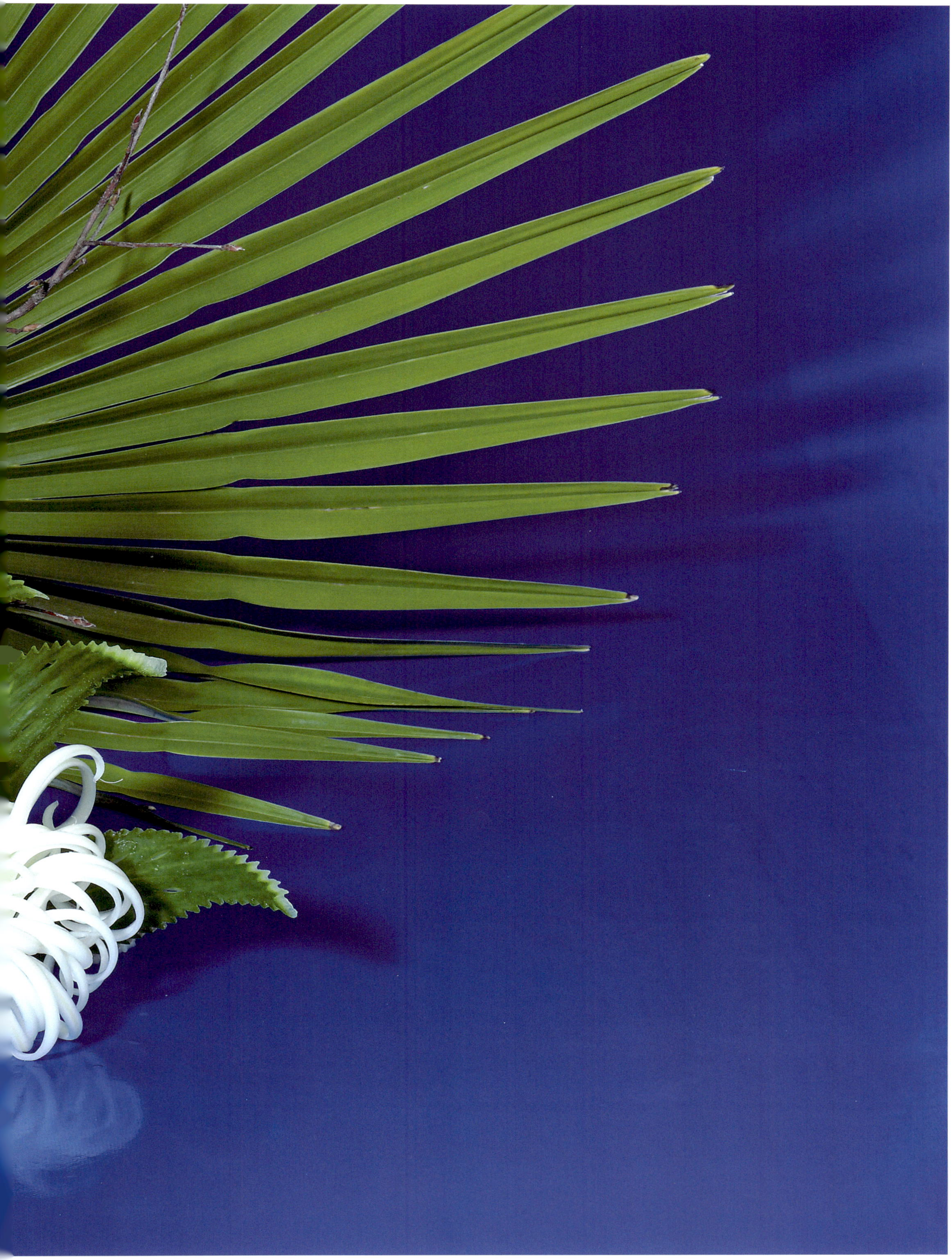

166 CHINESISCHER KÜRBISKORB / CHINESE PUMPKIN BASKET / PANIER EN COURGE CHINOIS / CESTA CINESE DI ZUCCA / CESTA CHINA DE CALABAZA

01

Durch Herausschneiden zweier keilförmiger Stücke die Form eines Henkels vorgeben. Unterseite des Kürbisses plan schneiden, so dass der Korb stehen kann.

Cut out two wedge-shaped pieces to expose the form of a handle. Cut the base of the pumpkin so that it stands steady.

Esquissez la forme d'une anse en retirant, après les avoir coupées, deux pièces en forme de cône. Coupez de façon plane la face inférieure de la courge, de façon à ce que le panier puisse se tenir debout.

Modellare la forma di un manico ritagliando due pezzi cuneiformi. Appiattire il lato inferiore della zucca in modo che la cesta possa stare in piedi.

Mediante la extracción de dos cortes en forma de cuña, predeterminar la forma de un asa. Cortar plana la parte inferior de la calabaza, de manera que la cesta pueda asentarse.

02

Mit dem Küchenmesser die Form des Henkels deutlicher herausarbeiten.

Using the kitchen knife carve the form of the handle more clearly.

Faites ressortir plus nettement la forme de l'anse à l'aide du couteau de cuisine.

Evidenziare meglio la forma del manico servendosi del coltello da cucina.

Con el cuchillo de cocina trabajar con mayor detalle la forma del asa.

03

Kerne entfernen und Innenteil des Kürbisses aushöhlen.

Cut out the whole core of the pumpkin and remove.

Retirez les noyaux et évidez l'intérieur de la courge.

Togliere i semi e scavare la parte interna della zucca.

Retirar las semillas y ahuecar la parte interior de la calabaza.

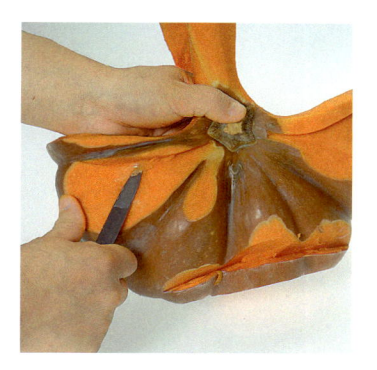

04	05	06	07
Mit dem Küchenmesser an Ober- und Unterseite einen Rand andeuten, diesen dann freistellen und deutlich herausarbeiten.	Entstandenen Korb abschälen.	Mit dem Schnitzmesser V 1 am gesamten Korpus Rillen einschneiden, um die Form eines Geflechtes anzudeuten.	Zwischen den Querrillen senkrecht versetzte Verbindungsrillen einritzen (Mauersteinoptik).
Use the kitchen knife to cut into the pumpkin leaving a ridge around the top and the bottom. Expose these by cutting away the fruit.	Peel off the skin from the basket you have made.	Use paring knife V 1 make cuts round the whole body to give the impression of basket weave.	Between these grooves make vertical grooves offset to make a brickwork pattern.
Suggérez, à l'aide du couteau de cuisine, un bord sur les faces supérieure et inférieure, dégagez ensuite ce dernier et faites-le ressortir nettement.	Épluchez le panier ainsi formé.	Incisez, à l'aide de la gouge V 1, des rainures sur l'ensemble du corps, afin de suggérer la forme d'un tressage.	Gravez, entre les rainures transversales, les rainures de liaison décalées verticalement (aspect de maçonnerie).
Utilizzando il coltello da cucina abbozzare un bordo ai lati superiore e inferiore, poi intagliarlo ed evidenziarlo più chiaramente.	Sbucciare la cesta che si è formata.	Intagliare delle scanalature su tutta la struttura avvalendosi del coltello da intaglio V 1 per abbozzare il disegno di un intreccio.	Incidere verticalmente in posizione sfasata delle scanalature di congiungimento tra le scanalature diagonali (con effetto muro di mattoni).
Con el cuchillo de cocina marcar un borde en la parte superior e inferior, dejar estos libres y trabajar con detalle.	Descascarar la cesta creada.	Con el cuchillo de tallado V 1 cortar ranuras en el cuerpo completo, para bosquejar la forma de un trenzado.	Entre las ranuras transversales grabar ranuras de unión verticales desplazadas (óptica de muro de ladrillos).

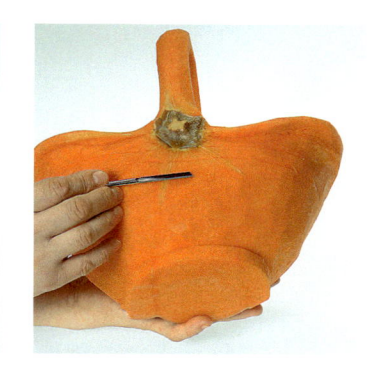

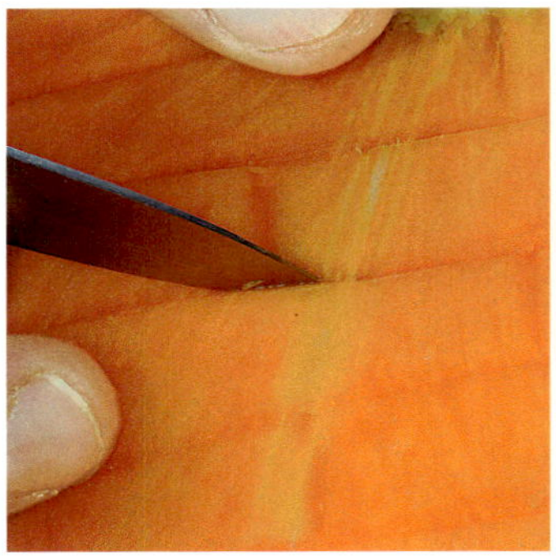

168 CHINESISCHER KÜRBISKORB / CHINESE PUMPKIN BASKET / PANIER EN COURGE CHINOIS / CESTA CINESE DI ZUCCA / CESTA CHINA DE CALABAZA

08

Mit dem Küchenmesser die vorgezeichneten Linien vertiefen.

Cut these grooves deeper using the kitchen knife.

Approfondissez, à l'aide du couteau de cuisine, les lignes pré-dessinées.

Tagliare in profondità le linee precedentemente tracciate avvalendosi del coltello da cucina.

Con el cuchillo de cocina profundizar las líneas predelineadas.

09

Die Außenkanten der entstandenen Rechtecke leicht abschrägen und das Fruchtfleisch in den Zwischenräumen so einschneiden, dass 2 Lamellen entstehen.

Cut the vertical edges of the resulting rectangles at a slight angle and cut the fruit in between so that 2 ribs are formed.

Coupez légèrement en biais les bords extérieurs des carrés ainsi formé et incisez la chair du fruit dans les espaces intermédiaires de façon à ce que 2 lamelles apparaissent.

Smussare leggermente gli angoli esterni dei rettangoli formatisi e intagliare la polpa del frutto negli interstizi in modo che si formino 2 lamelle.

Biselar ligeramente los cantos exteriores de los rectángulos formados y cortar la pulpa en los espacios intermedios de tal manera que se generen 2 laminillas.

10

Die Rechtecke mit dem Küchenmesser quer einschneiden.

Make cuts across the rectangles parallel to the long sides.

Incisez en travers les carrés à l'aide du couteau de cuisine.

Tagliare in diagonale i rettangoli utilizzando il coltello da cucina.

Cortar transversalmente los rectángulos con el cuchillo de cocina.

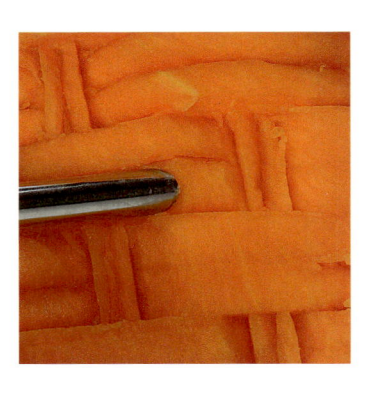

11

Die entstandenen Hälften mit dem Rundmeißel 1 abrunden, so dass die Optik eines Geflechtes entsteht.

Round off the halves formed this way using round chisel 1 so that you give the appearance of weaving.

Arrondissez les moitiés ainsi formées à l'aide du burin rond 1 de façon à faire apparaitre l'aspect d'un tressage.

Avvalendosi dello scalpello circolare 1, arrotondare le metà scaturite in modo che sembri un intreccio.

Redondear las mitades generadas con el cincel redondo 1, de manera que se genere la óptica de un trenzado.

12

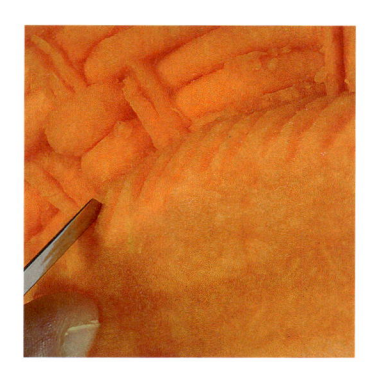

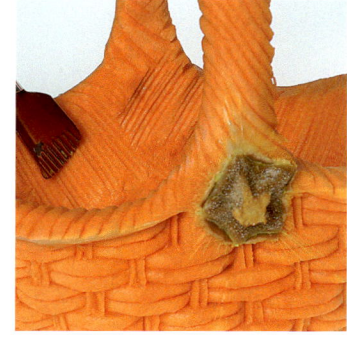

13

14

Mit dem Schnitzmesser V 1 den Henkel, den oberen sowie den unteren Rand mit leicht schrägen Rillen versehen, so dass es spiralförmig wirkt.

Innenseite des Korbes mit Rillmeißel 4 verzieren.

Fertiges Schaustück.

Use paring knife V 1 to form the handle, cutting also the top edge and the bottom edge with slightly slanted grooves giving the effect of a spiral.

Decorate the inside of the basket with groove chisel 4.

Show piece is finished.

Pourvoyez, à l'aide de la gouge V 1, l'anse et les bords supérieur et inférieur de rainures légèrement en biais, de façon à obtenir une forme en spirale.

Décorez l'intérieur du panier à l'aide du burin à rainures 4.

Aspect final achevé.

Con l'utilizzo del coltello da intaglio V 1 effettuare delle scanalature leggermente oblique al manico e ai bordi superiore ed inferiore, dando loro un effetto a spirale.

Decorare la parte interna della cesta con lo scalpello per scanalature 4.

Ed ecco il pezzo pronto da esposizione.

Con el cuchillo de tallado V 1 realizar ranuras ligeramente oblicuas en el asa, el borde superior así como el inferior, de manera que tenga un efecto de forma de espiral.

Decorar la parte interior de la cesta con el cincel de ranurado 4.

Pieza de exposición terminada.

170 WEIHNACHTSSTERN / CHRISTMAS STAR / ÉTOILE DE NOËL / STELLA DI NATALE / POINSETIA

Vorbereitung
1 Napoli-Kürbis
Schnitzmesser V1
Rillmeißel 3
Thai-Messer
Küchenmesser
Sparschäler

Preparation
1 pumpkin
paring knife V1
grooving chisel 3
Thai knife
kitchen knife
potato peeler

Préparation
1 courge
Gouge V1
Burin à rainures 3
Couteau thaï
Couteau de cuisine
Éplucheur

Preparazione
1 zucca
Coltello da intaglio V1
Scalpello per scanalature 3
Coltello Thai
Coltello da cucina
Pela-patate

Preparación
1 Calabaza
Cuchillo de tallado V1
Cincel de ranurado 3
Cuchillo Tailandés
Cuchillo de cocina
Pelador económico

| 01 | 02 | 03 |

| Etwa ein Drittel des Kürbisses schälen. | Mit dem Thai-Messer mittig einen Kreis mit dem Durchmesser von etwa 3 cm einschneiden, nach außen leicht abschrägen und Kante abrunden. | Im Zentrum sollte eine Fläche von etwa 1 cm Durchmesser für den Stempel stehen bleiben. | Am äußeren Rand des Kreises mit dem Schnitzmesser V 1 in Blattform Rillen einritzen, mit dem Thai-Messer die Form des Blütenblattes ausschneiden. |

| Peel about one third off the side of the pumpkin. | Use the Thai knife to cut a circle of about 3 cm diameter, slant the cut slightly towards the outside and round off the edges. | A surface of about 1 cm diameter should be left for the pistil. | Cut grooves in the outer edge of the circle using paring knife V 1 and then use the Thai knife to carve petal shapes. |

| Epluchez environ un tiers de la courge. | Incisez au milieu, à l'aide du couteau thaï, un cercle d'un diamètre d'environ 3 cm, coupez légèrement en biais vers l'extérieur et arrondissez les bords. | Il faut qu'il reste au centre une surface d'environ 1 cm de diamètre pour le pistil. | Gravez sur le bord extérieur du cercle, à l'aide de la gouge V 1, des rainures en forme de feuille, découpez la forme du pétale de fleur à l'aide du couteau thaï. |

| Sbucciare circa un terzo della zucca. | Con il coltello Thai intagliare nel mezzo un cerchio del diametro di circa 3 cm, tagliare leggermente in obliquo verso l'esterno e smussare i bordi. | Nel centro dovrebbe rimanere una superficie di circa 1 cm di diametro per il pistillo. | Incidere delle scanalature a forma di foglia al bordo esterno del cerchio, avvalendosi del coltello da intaglio V 1, e ricavare la forma dei petali con il coltello Thai. |

| Pelar aproximadamente un tercio de la calabaza. | Con el cuchillo tailandés cortar el el centro un círculo con un diámetro de unos 3 cm, cortar ligeramente oblicuo hacia fuera y redondear los cantos. | En el centro debe permanecer una superficie de aprox. 1 cm de diámetro para el pistilo. | En el borde exterior del círculo ranurar en forma de hoja con el cuchillo de tallado V 1, con el cuchillo tailandés recortar la forma de un pétalo. |

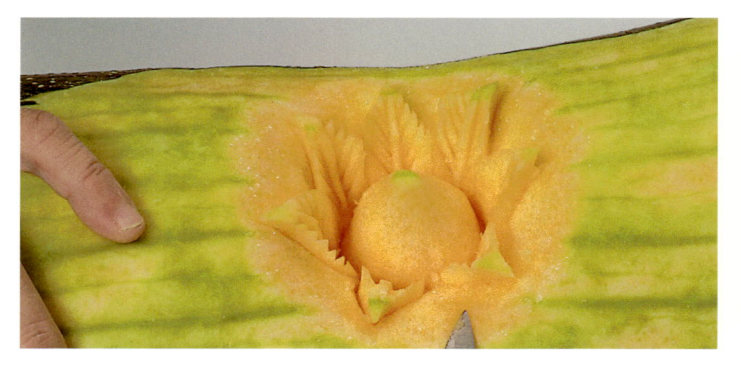

WEIHNACHTSSTERN / CHRISTMAS STAR / ÉTOILE DE NOËL / STELLA DI NATALE / POINSETIA

04

Das Fruchtfleisch hinter den Blättern entfernen, und sie so freistellen.

Expose the petals by removing the fruit from behind them.

Retirez la chair du fruit derrière les feuilles et dégagez-les ainsi.

Togliere la polpa del frutto da dietro i petali ed estrarli.

Retirar la pulpa detrás de las hojas y así dejarlas libres.

05

Mit der gleichen Technik, versetzt zur ersten Reihe, eine zweite, etwas größere Blattreihe ausschneiden.

Use the same technique to carve out a second, larger row of petals next to the first row.

Découpez, avec la même technique, une seconde rangée de feuilles un peu plus grande, décalée par rapport à la première rangée.

Con la stessa tecnica ricavare una seconda fila di foglie un po' più grandi, in posizione sfasata rispetto alla prima.

Con la misma técnica, recortar una fila de hojas algo más grandes, desplazadas con relación a la primera fila.

06

An beiden Seiten der entstandenen Blüte ein großes Blütenblatt herausarbeiten.

Carve a large petal on both sides of the flower formed.

Faites ressortir un grand pétale de fleur sur les deux côtés du bouton de fleur ainsi formé.

Ricavare un grosso petalo su entrambi i lati del fiore che ha preso forma.

A ambos lados del pétalo creado trabajar un pétalo más grande.

07

Beidseitig im Halbkreis jeweils 5 Blätter in der Form von Stechpalmen herausarbeiten.

At each end in a semicircle carve out 5 holly leaf shapes.

Faites ressortir, sur chacun des deux côtés, 5 feuilles en forme de houx en demi-cercle.

Ricavare a semicerchio su entrambi i lati 5 foglie a forma di agrifoglio.

Trabajar a ambos lados en el semicírculo 5 hojas en cada caso, en forma de palma espinosa.

08

Kürbis etwa bis zur Hälfte sauber abschälen, dann ringsum mit dem Rillmeißel verzieren. Den so entstandenen Rand freistellen.

Peel up to about half of the pumpkin cleanly, then decorate right round using the grooving chisel. Expose the edge formed.

Epluchez proprement la courge jusqu'à la moitié environ, puis décorez tout autour à l'aide du burin à rainures. Dégagez le bord ainsi apparu.

Sbucciare bene la zucca fino quasi a metà e poi decorarla tutta intorno con lo scalpello per scanalature. Evidenziare il bordo formatosi in questo modo.

Pelar limpia la calabaza hasta aproximadamente la mitad, luego decorar alrededor con el cincel de ranurado. Dejar libre el borde así creado.

09

Mit dem Rundmeißel aus dem übrig gebliebenen Fruchtfleisch Kreise austechen, diese mit feinem Blumendraht auf dem Stempel befestigen.

Cut out circular forms from the remaining fruit using the round chisel. Attach these to the pistil using fine flower binding wire.

Creusez, à l'aide du burin rond, des cercles à partir de la chair restante du fruit, fixez ces derniers sur le pistil à l'aide de fin fil de fer pour fleurs.

Ritagliare dei cerchi dalla polpa avanzata servendosi dello scalpello circolare, e fissarli al pistillo con un sottile filo per fioristi.

Con el cincel redondo sacar círculos de la pulpa remanente, fijar estos con fino alambre para flores sobre el pistilo.

174 KÜRBIS-PFAU / PUMPKIN PEACOCK / PAON EN COURGE / PAVONE DI ZUCCA / PAVO REAL DE CALABAZA

VORBEREITUNG
1 Napoli-Kürbis
1 Karotte
1 Gurke
Rundmeißel 1–6, Ausstecher in Pfauenaugenform (1–10), Küchenmesser, Thai-Messer, großes Messer, Sparschäler
Leim

PREPARATION
1 pumpkin
1 carrot
1 cucumber
round chisels 1–6, cutters in the form of a peacock's eye (1–10), kitchen knife, Thai knife, large knife, potato peeler,
glue

PRÉPARATION
1 courge
1 carotte
1 concombre
Burin rond 1–6, Découpoirs en forme d'yeux de paon (1–10), Couteau de cuisine, Couteau thaï, Grand couteau, Éplucheur,
Colle

PREPARAZIONE
1 zucca
1 carota
1 cetriolo
Scalpello circolare 1–6, Stampi a forma di pavonia (1–10), Coltello da cucina, Coltello Thai, Grosso coltello, Pela-patate,
Colla

PREPARACIÓN
1 Calabaza
1 Zanahoria
1 Pepino
Cinceles redondos 1–6, Extractor con forma de ojo de pavo real (1–10), Cuchillo de cocina, Cuchillo tailandés, Cuchillo grande
Pelador económico,
Cola

01

02

03

Kürbis senkrecht aufstellen, die Form des Vogelkörpers suchen und an beiden Seiten 2 Stücke für die Flügel abschneiden.

Vorderseite bis zur Mitte abschälen.

Grobe Körperform vorschnitzen. Der Vogelkopf sollte nach vorne blicken.

Stand the pumpkin upright, choose the most suitable attitude for the body form and cut off two pieces for the wings.

Peel the front half way.

Carve a rough body form. The bird should be facing the front.

Posez la courge verticalement, cherchez la forme du corps de l'oiseau et coupez deux pièces pour les ailes sur les deux côtés.

Epluchez la partie avant jusqu'à mi-hauteur.

Pré-sculptez la forme grossière du corps. La tête de l'oiseau doit regarder vers l'avant.

Disporre la zucca in verticale, trovare la forma corporea del volatile e tagliare ad entrambi i lati 2 pezzi per le ali.

Sbucciare il lato anteriore fino a metà.

Intagliare approssimativamente la forma del corpo. La testa del volatile dovrebbe guardare in avanti.

Color verticalmente la calabaza, buscar la forma del cuerpo del pájaro y cortar 2 trozos a ambos lados`para las alas.

Pelar el lado delantero hacia el centro.

Tallar una forma basta del cuerpo. El pájaro debería mirar hacia delante.

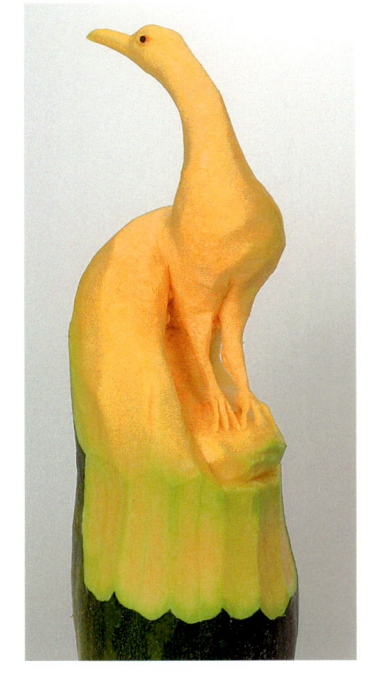

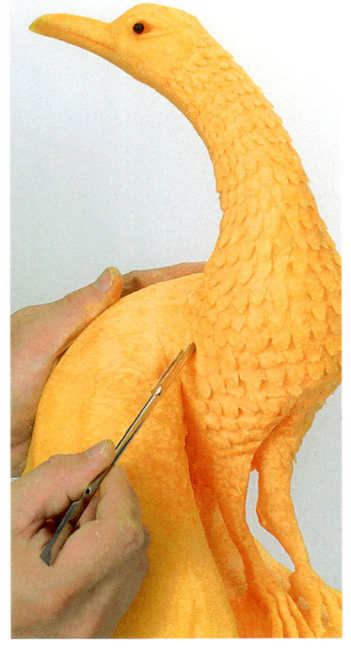

KÜRBIS-PFAU / PUMPKIN PEACOCK / PAON EN COURGE / PAVONE DI ZUCCA / PAVO REAL DE CALABAZA

04 05 06

04 Körper mit Beinen und Füßen fein ausarbeiten, dann Auge aus Karotte und Pfefferkorn aufsetzen.

05 Vom Hals abwärts, bis zu den Beinen, mit den Rundmeißeln 1–3 Federn ausstechen.

06 Für den Schwanz Pfauenaugen ausstechen. Für den Kürbis den größten Ausstecher verwenden, für die Gurke den mittleren und für die Karotte den kleinsten.

Mit der gleichen Technik die Pfauenaugen immer größer werden lassen.

Finely carve the body and legs with feet, then attach the eye cut from a carrot and add a peppercorn.

Working from the neck downwards as far as the legs, carve 1–3 feathers using the round chisel.

For the tail cut out peacock's eye shapes. Use the large cutter for the pumpkin, the middle cutter for the cucumber and the smallest one for the carrot.

Using the same technique cut ever bigger peacock's eye shapes.

Faites ressortir finement les corps avec les pattes et les pieds, puis posez les yeux faits en carotte et de grains de poivre.

Creusez, à l'aide des burins ronds, 1–3 plumes en descendant depuis le cou jusqu'aux pattes.

Creusez des yeux de paon pour la queue. Utilisez le plus grand découpoir pour la courge, le découpoir moyen pour le concombre et le plus petit pour la carotte.

Agrandissez constamment les yeux de paon avec la même technique.

Lavorare finemente il corpo con le zampe e i piedi e poi creare l'occhio con un pezzo di carota e un chicco di pepe.

Intagliare le piume dal collo fino alle zampe, servendosi degli scalpelli circolari 1–3.

Ritagliare delle forme di pavonia per fare la coda. Utilizzare lo stampo più grosso per la zucca, la mezza misura per il cetriolo e il più piccolo per la carota.

Aumentare sempre di più la grandezza delle forme, utilizzando la stessa tecnica.

Trabajar con precisión el cuerpo con patas y garras, luego colocar los ojos de zanahoria y grano de pimienta.

Del cuello hacia abajo hasta las patas extraer plumas con los cinceles redondos 1–3.

Extraer para la cola, ojos de pavo real. Para la calabaza emplear el extractor mayor, para el pepino el mediano y para la zanahoria el menor.

Con la misma técnica dejar los ojos de pavo se tornen cada vez más grandes.

07

Größtes Pfauenauge federartig einschneiden, dann mittig zunächst ein Karottenstück, darüber ein Gurkenstück aufleimen.

Cut feathered slits in the green peacock's eye shapes, then glue first a piece of carrot in the middle and then a piece of cucumber on top.

Incisez des yeux de paon ressemblant à des plumes, puis collez au milieu, d'abord un morceau de carotte, par-dessus un morceau de concombre.

Incidere la forma di pavonia a mo' di penna, poi inserire nel centro un pezzetto di carota ed incollarci sopra un pezzo di cetriolo.

Recortar un ojo verde de pavo real y luego pegar en el centro de momento un trozo de zanahoria, sobre él un trozo de pepino.

08

Die abgeschnittenen Seitenstücke schälen, daraus 2 Flügel schnitzen.

Peel the cut off side pieces and carve 2 wings from them.

Épluchez les morceaux découpés à partir des côtés, sculptez 2 ailes à partir d'eux.

Sbucciare le parti laterali già tagliate da cui ricavare 2 ali.

Pelar los trozos laterales cortados, de ellos tallar 2 alas.

09

Mit dem Thai-Messer Federn einschneiden, am Rand Schwungfedern herausarbeiten.

Carve feathers with the Thai knife and wing feathers on the edge using the Thai knife.

Incisez des plumes à l'aide du couteau thaï, faites ressortir des pennes sur le bord.

Intagliare le penne con il coltello Thai e ricavare le penne maestre sul bordo.

Cortar con el cuchillo tailandés, en en borde trabajar plumas de impulso.

178 KÜRBIS-PFAU / PUMPKIN PEACOCK / PAON EN COURGE / PAVONE DI ZUCCA / PAVO REAL DE CALABAZA

10

11

Für den Schwanz seitlich des Körpers einen stabilen Unterbau aus einem Kürbisstück anbringen.

Beginnend am Körper des Pfaus, die immer größer werdenden Pfauenaugen mit Leim am Unterbau befestigen.

2 Kopffedern aus Draht und Brokkoli-Röschen anbringen.

For the tail put a stable lower piece of pumpkin in place on the side or the body.

Working from the body of the peacock, glue ever bigger peacock's eye patterns onto the lower piece.

Attach 2 head feathers made from wire and broccoli rosettes.

Apportez, à partir d'un morceau de courge, une embase solide pour la queue sur le côté du corps.

En commençant sur le corps du paon, fixez à l'aide de colle les yeux de paon de plus en plus grands sur l'embase.

Apportez 2 plumes de tête en fil et en brocolis.

Per fare la coda sistemare a lato del corpo una base stabile ricavata da un pezzo di zucca.

Iniziando dal corpo, fissare alla base le forme di pavonia con la colla.

Fissare sulla testa 2 penne di spago e dei fiori di broccolo.

Para la cola aplicar lateralmente una base estable de un trozo de calabaza.

Comenzando en el cuerpo del pavo real, fijar con cola los ojos cada vez más grandes sobre la base.

Aplicar 2 plumas de cabeza, de alambre y rosillas de brócoli.

BANDEJA DE FLORES / CESTO PER FIORI / POT DE FLEUR / FLOWER VASE / **BLUMENSCHALE** 179

Vorbereitung
2 Kürbisse (Muskat und Napoli)
Schnitzmesser V 3
Rundmeißel 3
Rillmeißel 3
Thai-Messer
Küchenmesser

Preparation
2 pumpkins (musky and Napoli)
paring knife V 3
round chisel 3
grooving chisel 3
Thai knife
kitchen knife

Préparation
2 courges (Muscat et Napoli)
Gouge V 3
Burin rond 3
Burin à rainures 3
Couteau thaï
Couteau de cuisine

Preparazione
2 zucche (una moscata e una lunga di Napoli)
Coltello da intaglio V 3
Scalpello circolare 3
Scalpello per scanalature 3
Coltello Thai
Coltello da cucina

Preparación
2 Calabazas (Moscada y Nápoles)
Cuchillo de tallado V 3
Cincel redondo 3
Cincel de ranurado 3
Cuchillo Tailandés
Cuchillo de cocina

BLUMENSCHALE / FLOWER VASE / POT DE FLEUR / CESTO PER FIORI / BANDEJA DE FLORES

01
02
03
04

Stilansatz des Muskatkürbisses kreisförmig und leicht abgeschrägt auslösen.

Seiten des Kürbisses möglichst rund abschälen.

Oberen Rand mit dem Küchenmesser abflachen.

Etwa 1,5 cm unterhalb des oberen Randes ringsum einen Ring einschneiden, diesen durch Entfernen des darunterliegenden Fleisches freistellen.

With a slightly slanted knife cut round the stalk and remove it.

Peel off the sides of the pumpkin as round as possible.

Using the kitchen knife cut off the top edge flat.

About 1.5 cm below the top edge cut a ring round the pumpkin and expose it by cutting away the fruit around it.

Détachez le départ de pédoncule de la courge Muscat en forme de cercle et légèrement taillé en biais.

Épluchez les côtés de la courge de la façon la plus ronde possible.

Aplatissez le bord supérieur à l'aide du couteau de cuisine.

Incisez un anneau tout autour, environ 1,5 cm en-dessous du bord supérieur, dégagez ce dernier en retirant la chair se trouvant en-dessous.

Effettuare un taglio di forma circolare e leggermente obliqua all'attaccatura del gambo della zucca moscata.

Sbucciare i lati della zucca, arrotondandola il più possibile.

Servendosi del coltello da cucina appiattire il bordo superiore.

Circa 1,5 cm sotto il bordo superiore intagliare un anello tutt'intorno, ed evidenziarlo togliendo la polpa sottostante.

Separar el tallo de la calabaza moscada en forma de círculo y ligeramente inclinado.

Pelar los lados de la calabaza en lo posible redonda.

Aplanar el borde superior con el cuchillo de cocina.

Cortar a unos 1,5 cm por debajo del borde superior un anillo en todo el entorno, dejar libre este retirando la pulpa que se encuentra por debajo.

05

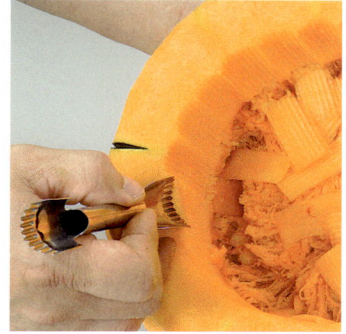

Entstandenen Rand abrunden, restlichen Kürbis in Form der Schale abrunden.

Round off this edge and round off the rest of the pumpkin to the shape of a vase.

Arrondissez le bord apparu, arrondissez le reste de la courge en forme de pot.

Smussare il bordo formatosi e arrotondare il resto della zucca dandole la forma di un cesto.

Redondear el borde generado, redondear la calabaza restantes en forma de bandeja.

06

Mit dem Rillmeißel 3 die Innenkante des Randes verzieren.

Use grooving chisel 3 to decorate the inner surface of the edge.

Décorez l'intérieur du bord à l'aide du burin à rainures 3.

Decorare la parte interna del bordo servendosi dello scalpello per scanalature 3.

Con el cincel de ranurado 3 decorar el canto interior del borde.

07

Mit dem Schnitzmesser V 3 an der Außenwand senkrechte Verstrebungen anbringen.

Cut vertical ridges in the outside using paring knife V 3.

Apportez, à l'aide de la gouge V 3, des montants verticaux sur la paroi extérieure.

Incidere delle canaline verticali sulla parete esterna, utilizzando il coltello da intaglio V 3.

Con el cuchillo de tallado V 3 aplicar refuerzos verticales en la pared exterior.

08

Senkrechte Streben mit dem Thai-Messer vertiefen, dann beidseitig abschrägen, so dass eine v-förmige Kerbe entsteht.

Cut these ridges deeper with the Thai knife then cut each side slanted so that a V-shaped furrow is created.

Approfondissez les montants verticaux à l'aide du couteau thaï, puis coupez en biais des deux côtés, afin qu'apparaisse une entaille en forme de V.

Incidere in profondità delle linee verticali e poi tagliare in obliquo su entrambi i lati in modo da ottenere un'incisione a V.

Profundizar las nervaduras verticales con el cuchillo tailandés, luego biselar ambos lados, de manera que se genere una ranura en forma de v.

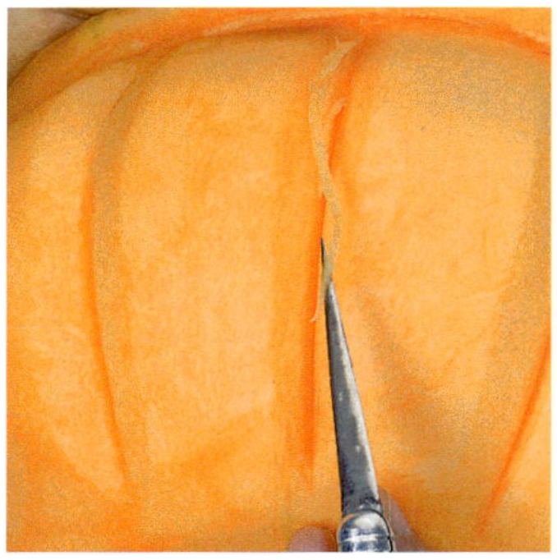

182 BLUMENSCHALE / FLOWER VASE / POT DE FLEUR / CESTO PER FIORI / BANDEJA DE FLORES

09

Mittelrille mit dem Thai-Messer zusätzlich vertiefen.

Cut the centre of the furrow deeper again using the Thai knife.

Approfondissez en sus la rainure médiane à l'aide du couteau thaï.

Scavare ancora più profondamente le scanalature centrali servendosi del coltello Thai.

Profundizar adicionalmente la ranura central con el cuchillo tailandés.

10

An beiden Seiten der Mittelrille 2 abgeschrägte Facetten herausarbeiten.

Carve out 2 slanted facets on each side of the centre cut.

Faites ressortir 2 facettes taillées en biais des deux côtés de la rainure médiane.

Ricavare ad entrambi i lati della scanalatura 2 sfaccettature tagliate obliquamente.

A ambos lados de la ranura central trabajar 2 facetas biseladas.

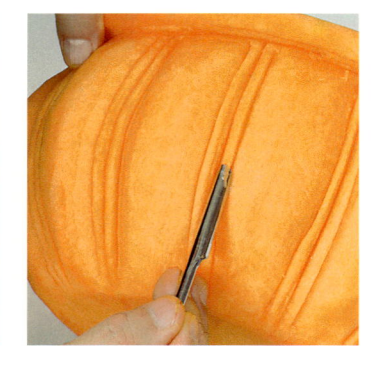

11

Die beiden neu entstandenen Streben mit dem Rundmeißel 3 abrunden.

Round off both the newly formed ridges using round chisel 3.

Arrondissez les deux montants nouvellement apparus à l'aide du burin rond 3.

Utilizzando lo scalpello circolare 3 arrotondare le due linee che si sono ora formate.

Redondear las dos nervaduras nuevas generadas con el cincel redondo 3.

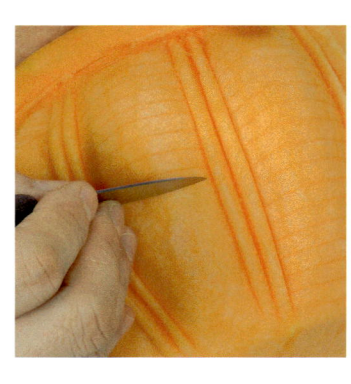

12

Mit dem Küchenmesser zwischen den Streben Querlinien einschneiden.

Use the kitchen knife to cut transverse lines between the ridges.

Incisez des lignes transversales entre les montants à l'aide du couteau de cuisine.

Con il coltello da cucina effettuare della scalfiture orizzontali tra le linee verticali.

Con el cuchillo de cocina cortar líneas transversales entre las nervaduras.

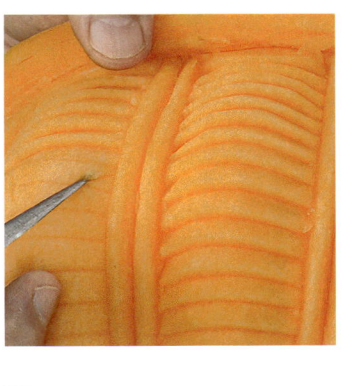

13

14

15

16

Die Linien von unten her, lamellenartig freistellen.

Den Rand des Korbes mit der gleichen Technik, allerdings senkrecht, lamellenartig verzieren.

Fertiger Korb.

Für den Sockel den Napoli-Kürbis oben und unten abflachen.

Expose these lines from below forming ribs.

Decorate the edge of the basket with ribs, however vertically using the same technique.

Basket is finished.

For the stand cut the top and bottom of the Napoli pumpkin flat.

Dégagez les lignes depuis le dessous à la manière de lamelles.

Décorez le bord du panier à la manière de lamelles avec la même technique, cette fois verticalement.

Panier achevé.

Aplatissez la courge Napoli en haut en en bas pour le socle.

Partendo dal basso ricavare una sorta di lamelle.

Utilizzando la stessa tecnica, seppur in verticale, decorare con delle lamelle il bordo della cesta.

Il cesto è fatto.

Per creare la base appiattire sopra e sotto la zucca lunga di Napoli.

Dejar libre en forma de laminillas las líneas desde abajo.

Decorar en forma de laminillas el borde de la cestas con la misma técnica, sin embargo verticalmente.

Cesta terminada.

Para el zócalo de la calabaza Nápoles aplanar arriba y abajo.

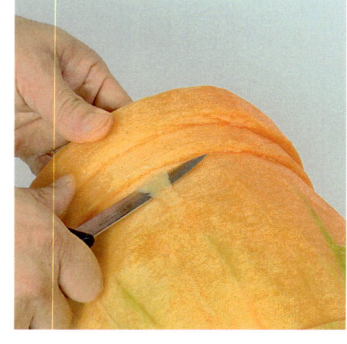

184 BLUMENSCHALE / FLOWER VASE / POT DE FLEUR / CESTO PER FIORI / BANDEJA DE FLORES

17 **18** **19** **20**

Den Kürbis schälen, dabei abrunden und mit Schnitzmesser V 3 an der Ober- und Unterseite je 2 Rillen ziehen.

Beide Linien (an Ober- und Unterseite) mit leicht schräg gestelltem Küchenmesser stufenartig freistellen.

Den Teil des Sockels zwischen den entstandenen Stufen mit senkrechten Linien versehen, diese v-förmig einkerben.

Korb auf den fertigen Sockel setzen.

Peel the pumpkin, rounding off with paring knife V 3 and make two grooves each at the top and at the bottom.

Expose both lines (at the top and the bottom) steplike, holding the kitchen knife slightly slanted.

Cut vertical lines in the part of the stand between the steps created. Cut V-shaped ridges in them.

Place the basket on the finished stand.

Epluchez la courge, arrondissez à cette occasion et tirez 2 rainures sur chacune des deux faces supérieure et inférieure à l'aide de la gouge V 3.

Dégagez, à la manière de degrés, les deux lignes (sur les faces supérieure et inférieure) en apposant le couteau de cuisine légèrement en biais.

Pourvoyez la partie du socle entre les degrés apparus de lignes verticales, taillez ces dernières en forme de V.

Posez le panier sur le socle fini.

Sbucciare la zucca, arrotondarla e intagliare due scanalature rispettivamente ai lati superiore e interiore, utilizzando il coltello da intaglio V 3.

Evidenziare con degli scalini entrambe le linee (nella parte superiore e inferiore), tenendo leggermente piegato il coltello da cucina.

Tracciare delle linee verticali tra i gradini formatisi, ed evidenziarle dando loro una forma a V.

Appoggiare il cesto sulla base completata.

Pelar la calabaza, en este caso redondearla y con el cuchillo de tallado V3 marcar sendas 2 ranuras en la parte superior e inferior.

Dejar libres ambas líneas en forma de escalón (en la parte superior e inferior) con un cuchillo de cocina ligeramente inclinado.

Realizar línea verticales en la parte del zócalo entre los escalones generados, entallar estos en forma de v.

Colocar la cesta sobre el zócalo terminado.

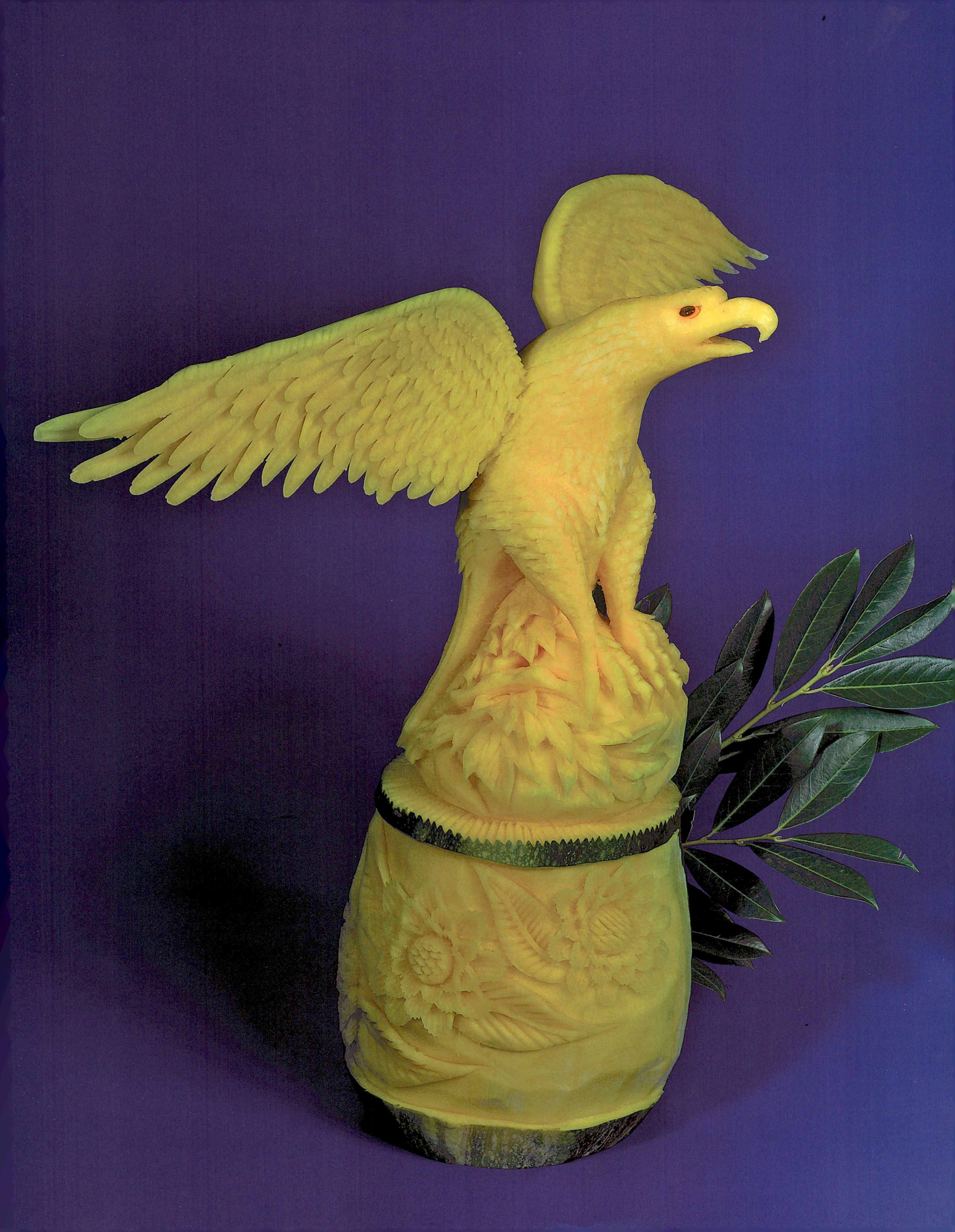

186 RETTICH-SCHWAN / RADISH SWAN / CYGNE EN RADIS / CIGNO DI RAFANO / CISNE DE RÁBANO

Vorbereitung
2 Rettiche
1 Karotte
Schnitzmesser V 2, V 3
Rundmeißel 2
Küchenmesser
Leim

Preparation
2 radishes
1 carrot
paring knives V 2, V 3
round chisel 2
kitchen knife
glue

Préparation
2 radis
1 carotte
Gouge V 2, V 3
Burin rond 2
Couteau de cuisine
Colle

Preparazione
2 rafani
1 carota
Coltelli da intaglio V 2, V 3
Scalpello circolare 2
Coltello da cucina
Colla

Preparación
2 Rábanos
1 Zanahoria
Cuchillos de tallado V 2, V 3
Cincel redondo 2
Cuchillo de cocina
Cola

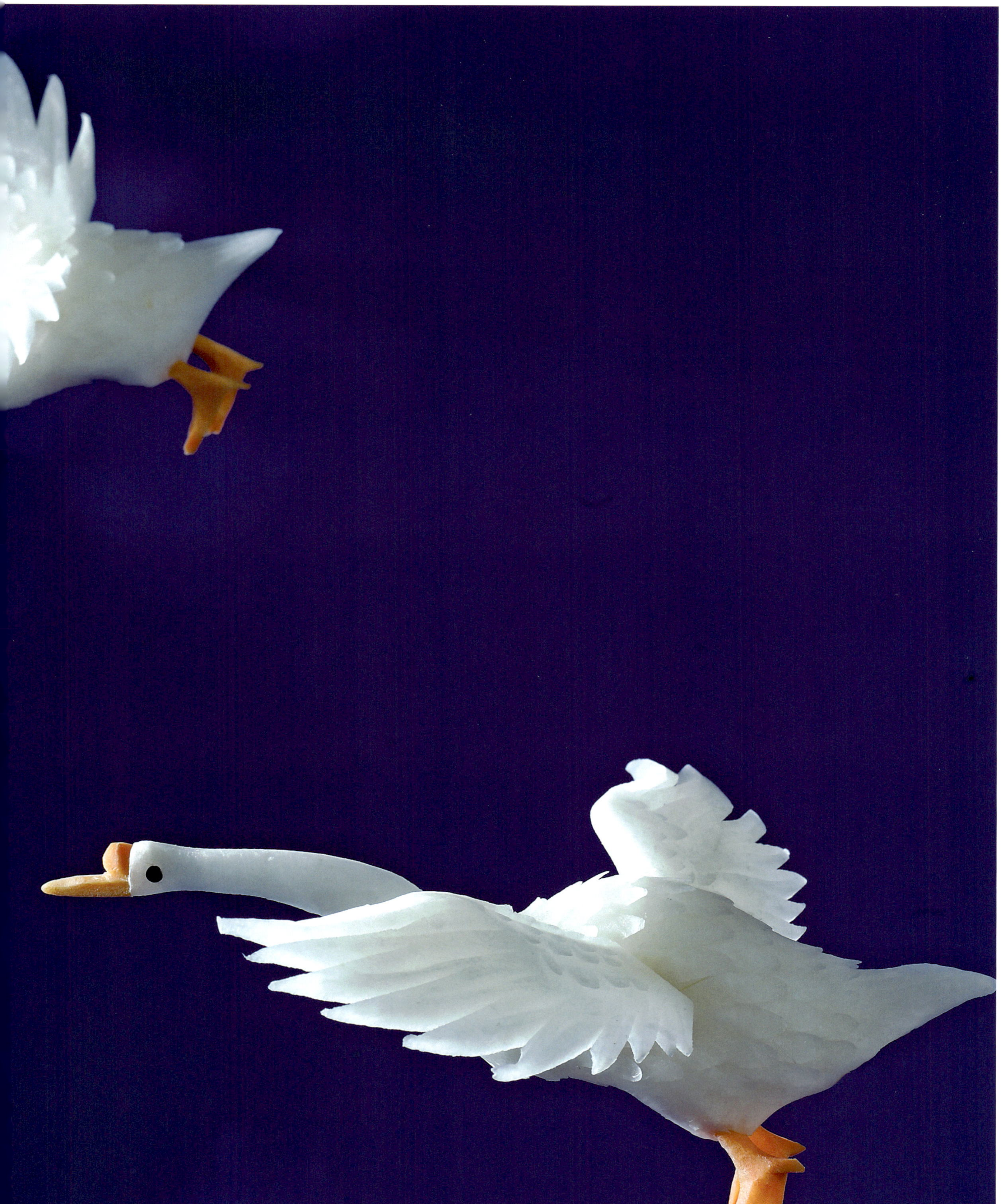

188 RETTICH-SCHWAN / RADISH SWAN / CYGNE EN RADIS / CIGNO DI RAFANO / CISNE DE RÁBANO

01
Für Füße und Schnabel Karotte in 3 Teile schneiden.

Cut carrot into 3 pieces for the feet and beak.

Découpez la carotte en 3 parties pour les pieds et le bec.

Tagliare la carota in tre parti per fare i piedi ed il becco.

Cortar la zanahoria para pico y patas en 3 partes.

02
Für den Schnabel 2 Seitenteile abschneiden, übrig gebliebenes Stück senkrecht halbieren.

For the beak cut off 2 side pieces and cut in half the other piece lengthwise.

Pour le bec, enlevez en coupant 2 côtés, coupez en deux verticalement le morceau resté.

Per il becco asportare 2 parti laterali e tagliare in verticale il pezzo avanzato.

Para el pico cortar 2 partes laterales, cortar la medio verticalmente, el trozo restante.

03
Aus einer der entstandenen Hälften ein Rechteck ausschneiden.

Cut out a rectangular piece from one of these halves.

Découpez un carré à partir des moitiés ainsi formées.

Ritagliare un rettangolo da una delle due metà ricavate.

De una de las mitades generadas, recortar un rectángulo.

04
Aus dem Reststück die Schnabelform ausarbeiten.

Carve the beak form from the remaining piece.

Faites ressortir la forme de bec à partir du morceau restant.

Ricavare la forma del becco dall'altro pezzo avanzato.

Del trozo restante trabajar la forma de pico.

05

Für die Füße aus den anderen beiden Karottenstücken, durch Entfernen der Seitenteile, Dreiecke ausschneiden.

Make the feet by cutting off the sides from the other two pieces of carrot to produce a triangular section.

Découpez des triangles en retirant les deux côtés pour former les pieds à partir des deux autres morceaux de carotte.

Per i piedi ritagliare dei triangoli dagli altri due pezzi di carota, asportando le parti laterali.

Para las patas, recortar triángulos de los otros dos trozos de zanahoria, retirando las partes laterales.

06

Aus den entstandenen Dreiecken die Fußform mit Krallen herausarbeiten.

From these triangular pieces carve out the feet with claws.

Faites ressortir la forme de pied avec les griffes à partir des triangles ainsi formés.

Dai triangoli ricavati evidenziare la forma del piede con le unghie.

De los triángulos generados, trabajar la forma de la pata con las garras.

07

Aus dem Rettich 2 oben und unten begradigte Scheiben schneiden.

Cut 2 flat sections from top and bottom of the radish.

Découpez 2 rondelles rectifiées en haut et en bas à partir du radis.

Tagliare due fette dal rafano e pareggiarle sopra e sotto.

Del rábano cortar 2 rodajas rectificadas arriba y abajo.

08

Geschwungene Flügelform vorgeben, dann seitlich Schwungfedern einschneiden.

Cut to a rough shape of curved wings then cut in wing feathers at the side.

Donnez une première forme courbée à l'aile, puis incisez des pennes sur le côté.

Modellare la forma arcuata delle ali e poi intagliare lateralmente le penne maestre.

Preparar una forma redondeada de alas, luego cortar lateralmente las plumas de impulso.

RETTICH-SCHWAN / RADISH SWAN / CYGNE EN RADIS / CIGNO DI RAFANO / CISNE DE RÁBANO

09

Die Flügel abrunden und mit Hilfe des Rundmeißels Federn stechen.

Round off the wings and use the round chisel to cut feathers.

Arrondissez les ailes, et piquez des plumes à l'aide du burin ronc.

Arrotondare le ali e incidere le piume con l'aiuto dello scalpello circolare.

Redondear las alas y con ayuda del cincel redondo tallar plumas.

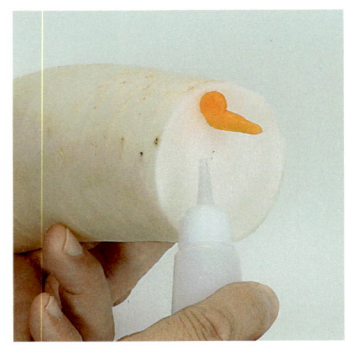

10

Für den Körper das vordere Stück des zweiten Rettichs abschneiden und den fertigen Schnabel anleimen.

To make the body cut off the front piece of the second radish and glue on the finished beak.

Pour le corps, enlevez en coupant le morceau avant du second radis et collez le bec fini.

Per fare il corpo tagliare la parte anteriore del secondo rafano e incollarci il becco completato.

Para el cuerpo recortar la parte delantera del segundo rábano y encolar el pico terminado.

11

Für die Kopfform, wie abgebildet, 4 Sektoren abschneiden.

For the head cut off 4 pieces in the shape shown.

Pour la forme de la tête, enlevez en coupant 4 secteurs comme il est montré sur la figure.

Per la forma della testa tagliare 4 settori come nella figura.

Para la forma de la cabeza cortar 4 sectores tal como se ilustra.

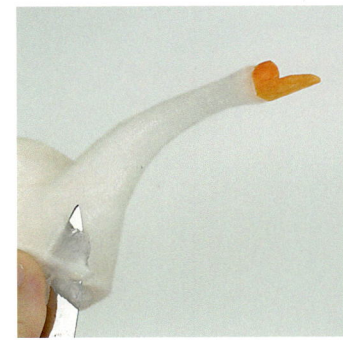

12

Mit dem Küchenmesser Kopf und Hals deutlich herausarbeiten.

Carve clearly the head and neck using the kitchen knife.

Faites ressortir nettement la tête et le cou à l'aide du couteau de cuisine.

Evidenziare la testa ed il collo utilizzando il coltello da cucina.

Con el cuchillo de cocina trabajar con detalles la cabeza y el cuello.

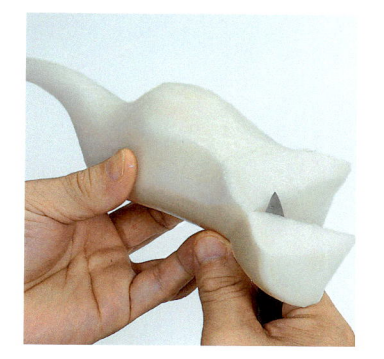

13

Restliche Körperform modellieren.

Carve the rest of the body shape.

Faites ressortir le reste de la forme du corps.

Lavorare sul resto del corpo.

Trabajar la forma del cuerpo restante.

14

Vom Halsansatz an, den gesamten Körper mit Hilfe der Schnitzmesser mit größer werdenden Federn versehen.

Using the paring knife, carve feathers from the bottom of the neck all over the body. The feathers should become ever bigger towards the tail.

Pourvoyez l'ensemble du corps de plumes de plus en plus grandes à l'aide de la gouge en partant de la base du cou.

Partendo dall'attaccatura del collo incidere su tutto il corpo delle penne via via sempre più grosse, con l'aiuto del coltello da intaglio:

Desde la base del cuello tallar plumas cada vez mayores en todo el cuerpo con ayuda del cuchillo de tallado.

Dazu mit dem Schnitzmesser eine Feder ausstechen, anschließend freistellen.

For this carve the feather first with the paring knife and then expose it.

Creusez en sus une plume à l'aide de la gouge, puis dégagez-la.

per farlo intagliare una penna ed infine evidenziarla.

Para ello tallar una pluma con el cuchillo de tallado, a continuación dejar libre.

15

Flügel, Füße und als Auge ein Pfefferkorn anleimen.

Glue on the wings, feet and a peppercorn for the eye.

Collez les ailes, les pieds et un grain de poivre pour les yeux.

Incollare le ali e i piedi, poi usare un chicco di pepe per fare l'occhio.

Encolar alas, patas y un grano de pimienta para cada ojo.

192 RETTICH-GOLDFISCH / RADISH GOLDFISH / POISSON ROUGE EN RADIS / PESCIOLINO ROSSO DI RAFANO / PEZ DORADO DE RÁBANO

Vorbereitung
1 Rettich
1 Karotte
Schnitzmesserset
Küchenmesser
Leim

Preparation
1 radish
1 carrot
paring knife set
kitchen knife
glue

Préparation
1 radis
1 carotte
Jeu de gouges
Couteau de cuisine
Colle

Preparazione
1 rafano
1 carota
Set di coltelli da intaglio
Coltello da cucina
Colla

Preparación
1 Rábano
1 Zanahoria
Juego de cuchillos de tallado
Cuchillo de cocina
Cola

01

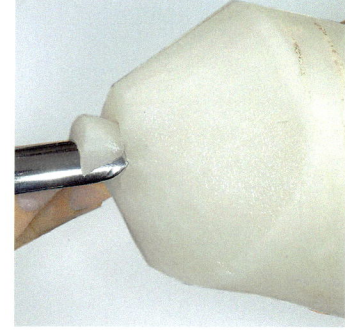

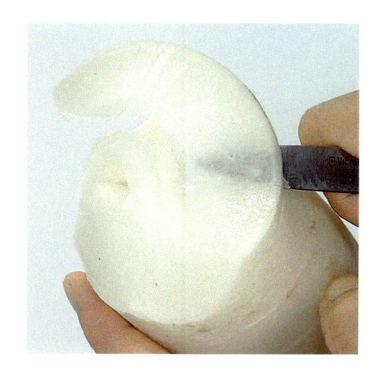

02

03

Das eine Ende des Rettichs kegelförmig mit abgeflachter Spitze zuschneiden.

Für die Lippen 2× untereinander mit dem Rundmeißel 1 einstechen und den Mittelteil auslösen.

Lippen an der Ober- und Unterseite mit dem Küchenmesser freistellen.

Cut the end of the radish to a cone with the pointed end cut flat.

For the lips make two cuts, one under the other using round chisel 1 and remove the middle piece.

Expose the lips at the top and bottom using the kitchen knife.

Découpez l'extrémité d'un radis en forme de cône à pointe aplatie.

Pour les lèvres, piquez deux fois l'une en-dessous de l'autre à l'aide du burin rond 1 et détachez la partie intermédiaire.

Dégagez, à l'aide du couteau de cuisine, les lèvres sur les faces supérieure et inférieure.

Tagliare un'estremità del rafano a forma di cono con la punta appiattita.

Per fare le labbra scavare due volte uno sotto l'altra con lo scalpello circolare 1 ed estrarre la parte centrale.

Evidenziare le labbra ai lati superiore ed inferiore servendosi del coltello da cucina.

Recortar el extremo del rábano el forma esférica con la punta aplanada.

Para los labios hacer una incisión dos veces una debajo de la otra con el cincel redondo 1 y extraer la parte central.

Dejar libres los labios en el lado superior e inferior con el cuchillo de cocina.

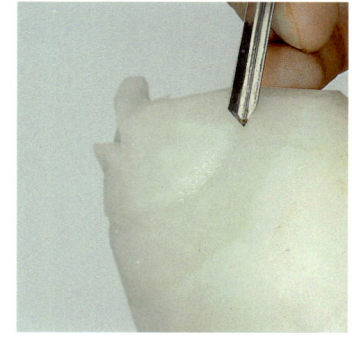

04

Mund deutlicher herausarbeiten, so dass die Optik eines geöffneten Mauls entsteht.

Carve the mouth more clearly to give the appearance of an open mouth.

Faites ressortir plus nettement faites la bouche, de façon à faire apparaître l'aspect d'une gueule ouverte.

Ricavare meglio la bocca in modo che sia evidente l'apertura.

Trabajar en detalle la boca, de manera que se genere la óptica de boca abierta.

05

Mit Schnitzmesser V1 seitlich Kiemen einritzen.

Use paring knife V1 to cut gills in the side.

Gravez des ouïes sur le côté à l'aide de la gouge V1.

Incidere le branchie lateralmente con il coltello da intaglio V1.

Con el cuchillo de tallado V1 ranurar lateralmente las branquias.

06

Kiemen durch Entfernen des dahinterliegenden Fleisches freistellen.

Expose the gills by removing the fruit behind them.

Dégagez les ouïes en retirant la chair située derrière.

Evidenziare le branchie estraendo la polpa sottostante.

Dejar libres las branquias retirando la pulpa que se encuentra por detrás.

07

Mit dem Schnitzmesser V 1 den Fischkörper vorzeichnen.

Use paring knife V 1 to make an outline of the fish body.

Prédessinez le corps du poisson à l'aide de la gouge V 1.

Disegnare il corpo del pesce servendosi del coltello da intaglio V 1.

Con el cuchillo de tallado V 1 delinear el cuerpo del pez.

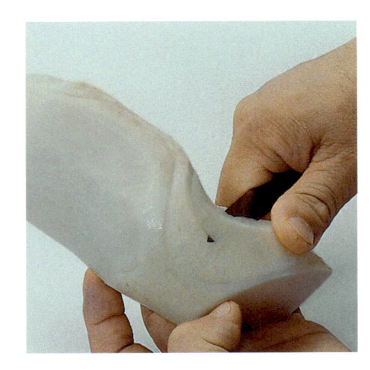

08

Die Körperform mit Schwanzflosse herausarbeiten.

Carve out the fish body with tail fin.

Faites ressortir la forme du corps avec la nageoire caudale.

Ricavare la forma del corpo con la pinna caudale.

Trabajar la forma del cuerpo con la aleta de cola.

09

Fertige Fischform.

The fish form is finished.

Aspect du poisson achevé.

La struttura del pesce è completa.

Forma de pez terminada.

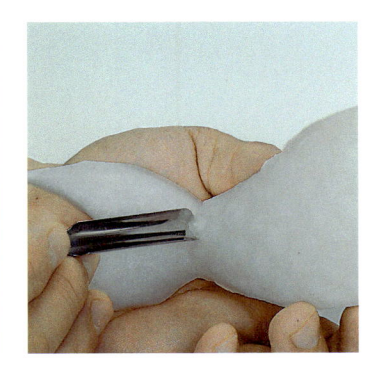

10

Fischkörper mit Hilfe des Rundmeißels 2 mit Schuppen verzieren, dazu das Werkzeug relativ senkrecht halten. Die Schuppenreihen versetzt anordnen.

Using round chisel 2 decorate the fish body with scales, holding the tool relatively vertical. The rows of scales should be offset.

Décorez, à l'aide du burin rond 2, le corps du poisson d'écailles, tenez l'outil dans une position relativement verticale. Disposez les rangées d'écailles de façon décalée.

Decorare il corpo del pesce con l'aiuto dello scalpello circolare 2 tenendo l'utensile relativamente perpendicolare. Disporre le file di squame in ordine sfasato.

Decorar el cuerpo del pez con escamas con ayuda del cincel redondo 2, para ello sujetar la herramienta relativamente vertical. Disponer las filas de escamas desplazadas.

RETTICH-GOLDFISCH / RADISH GOLDFISH / POISSON ROUGE EN RADIS / PESCIOLINO ROSSO DI RAFANO / PEZ DORADO DE RÁBANO

11

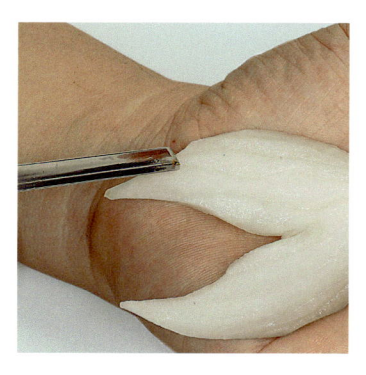

12

13

Die Schwanzflosse mit Längsrillen versehen.

Aus einem Rettich-Reststück eine Rückenflosse und 4 kleinere Schwimmflossen schnitzen.

Flossen und Augen aus einem kleinen Karottenkreis und einem Pfefferkorn mit Leim anbringen.

Cut grooves along the tail fin.

From a leftover piece of radish carve a dorsal fin and 4 smaller side fins.

Glue on the fins and the eyes which consist of a small slice of carrot and a peppercorn.

Pourvoyez la nageoire caudale de rainures longitudinales.

Sculptez une nageoire dorsale et 4 nageoires latérales plus petites à partir d'un morceau de radis.

Apportez les nageoires avec de la colle, en outre les yeux faits d'un petit cercle en carotte et d'un grain de poivre.

Decorare la pinna caudale con delle scanalature longitudinali.

Da un avanzo del rafano ritagliare una pinna dorsale e 4 pinne natatorie più piccole.

Fissare le pinne con della colla e ricavare anche gli occhi da un tondino di carota ed un chicco di pepe.

Decorar la aleta de cola con ranuras longitudinales.

De un trozo remanente de rábano tallar una aleta dorsal y 4 aletas pequeñas.

Aplicar las aletas con cola, además de los ojos de un pequeño círculo de zanahoria y un grano de pimienta.

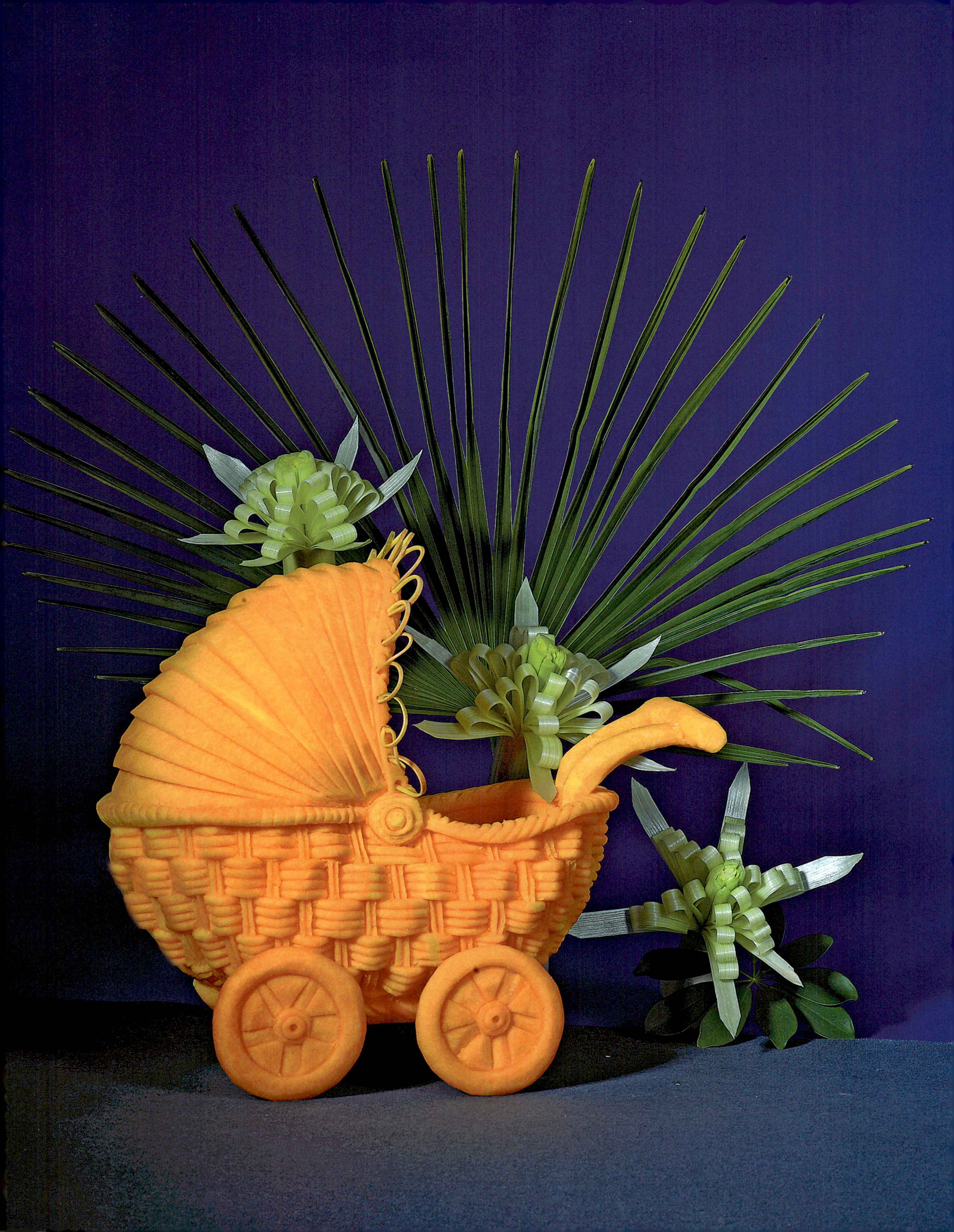

198 KÜRBIS-VOGEL / PUMPKIN BIRD / OISEAU EN COURGE / UCCELLO DI ZUCCA / PÁJARO DE CALABAZA

VORBEREITUNG
1 Butternuss-Kürbis
Rundmeißel 3
Schnitzmesser V 1
Küchenmesser

PREPARATION
1 butternut pumpkin
round chisel 3
paring knife V 1
kitchen knife

PRÉPARATION
1 courge musquée
Burin rond 3
Gouge V 1
Couteau de cuisine

PREPARAZIONE
1 zucca gialla allungata
Scalpello circolare 3
Coltello da intaglio V 1
Coltello da cucina

PREPARACIÓN
1 Calabaza de nogal blanco
Cincel redondo 3
Cuchillo de tallado V 1
Cuchillo de cocina

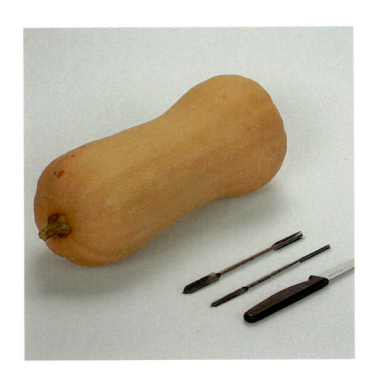

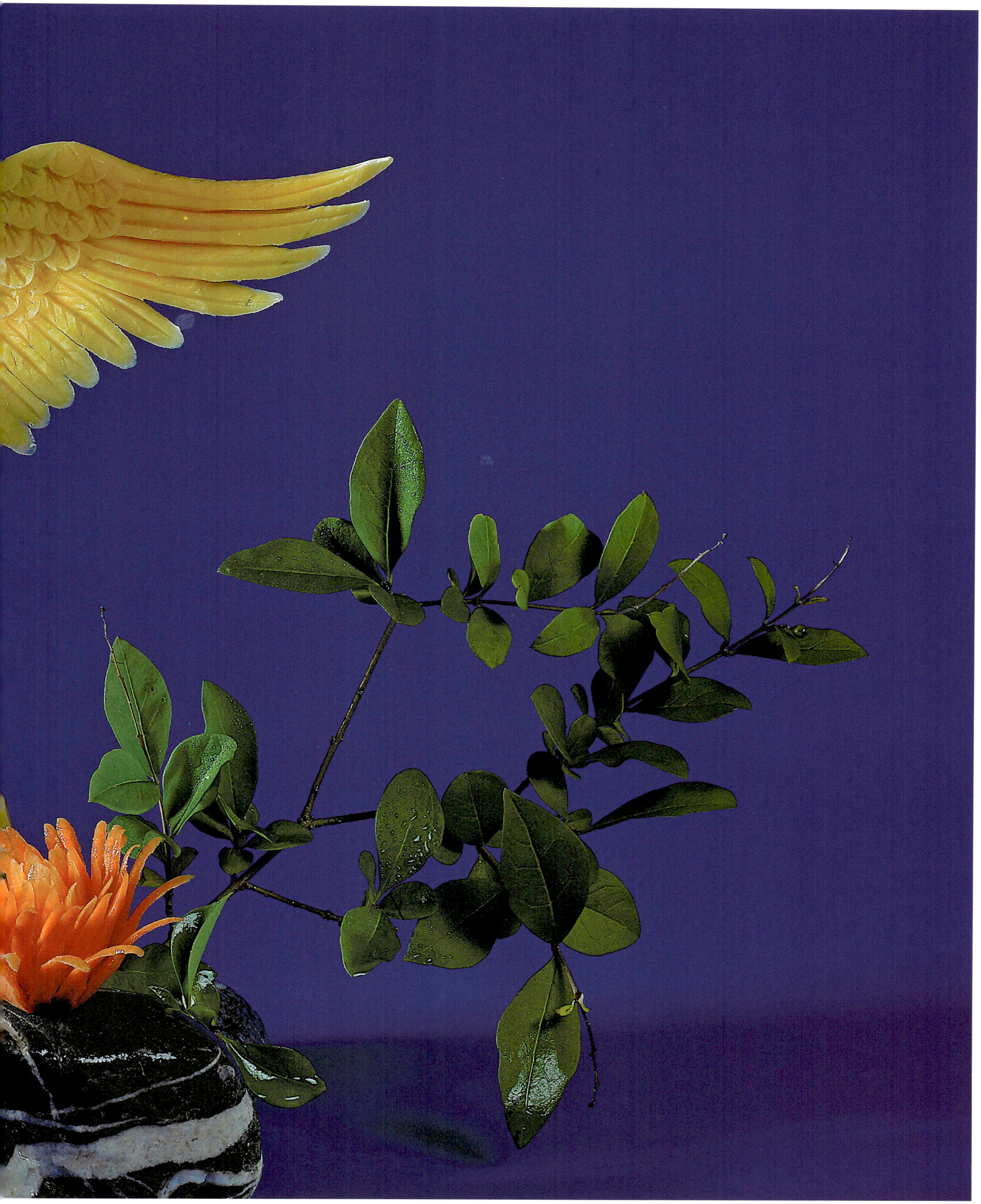

KÜRBIS-VOGEL / PUMPKIN BIRD / OISEAU EN COURGE / UCCELLO DI ZUCCA / PÁJARO DE CALABAZA

01
02
03
04

Kürbis am oberen Ende abflachen und von beiden Seiten ein Stück für die Flügel abschneiden.

Kopf und Schnabel mit dem Küchenmesser grob vorschnitzen.

Körperform in Blickrichtung des Vogels modellieren.

Füße mit Krallen sowie den Schwanz herausarbeiten.

Cut the top off the pumpkin flat and cut a piece from each side for the wings.

Roughly carve the head and beak with the kitchen knife.

Form the body with the bird facing front.

Carve out the feet with claws as well as the tail.

Aplatissez la courge à son extrémité supérieure et enlevez, en coupant des deux côtés un morceau pour les ailes.

Pré-sculptez grossièrement la tête et le bec à l'aide du couteau de cuisine.

Modelez la forme du corps en regardant en direction de l'oiseau.

Faites ressortir les pieds avec des griffes ainsi que la queue.

Appiattire l'estremità superiore della zucca e tagliare un pezzo in entrambi i lati per fare le ali.

Disegnare approssimativamente la testa ed il becco utilizzando il coltello da cucina.

Modellare la forma del corpo in direzione dello sguardo del volatile.

Ricavare i piedi con gli artigli e anche la coda.

Aplanar la calabaza en el extremo superior y de ambos lados cortar un trozo para las alas.

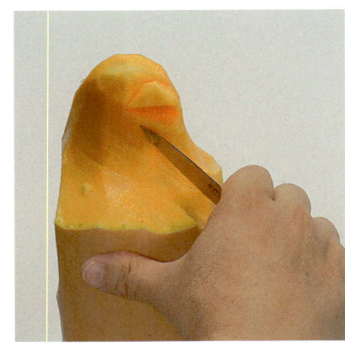

Pretallar bastamente la cabeza y el pico con un cuchillo de cocina.

Modelar la forma del cuerpo en dirección de la mirada del pájaro.

Trabajar las patas con las garras así como la cola.

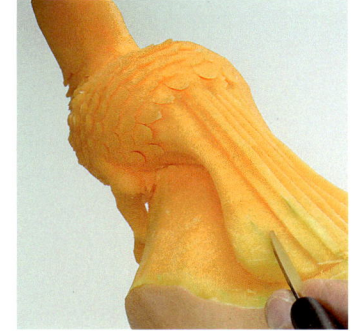

05

Den Körper vom Ende des Halses an, mit Hilfe des Schnitzmessers V 1, mit Federn verzieren.

Decorate the body with feathers from the end of the neck onwards using paring knife V 1.

Décorez le corps de plumes depuis l'extrémité du cou à l'aide de la gouge V 1.

Con il coltello da intaglio V 1 decorare il corpo con delle penne, partendo dall'estremità del collo.

Decorar el cuerpo con plumas a partir del extremo del cuello con ayuda del cuchillo de tallado V 1.

06

Am Schwanz mit dem Küchenmesser Längslinien einschneiden, diese stufenartig freistellen.

At the tail use the kitchen knife to make cuts lengthwise and expose these stepwise.

Incisez sur la queue des lignes longitudinales à l'aide du couteau de cuisine, dégagez ces dernières à la manière de degrés.

Con il coltello da cucina incidere sulla coda delle linee longitudinali ed evidenziarle con dei gradini.

En la cola cortar líneas longitudinales con el cuchillo de cocina, dejar estos libres en forma de escalón.

07

Für die Flügel die Seitenstücke abschälen, mit Rundmeißel 3 etwa 3–4 versetzte Federreihen stechen und an den Enden lange Schwungfedern ausschneiden.

Diese jeweils mit einer Mittelrille verzieren.

To make the wings, peel the side pieces, carve about 3–4 offset rows of feathers using round chisel 3 and carve out long wing feathers.

Add a row of middle grooves to each one.

Pour les ailes, épluchez les morceaux sur le côté, piquez environ 3–4 rangées décalées de plumes à l'aide du burin rond 3 et découpez les longues pennes aux extrémités.

Décorez chacune de ces dernières d'une rainure médiane.

Per fare le ali sbucciare i pezzi laterali, incidere 3–4 file di penne in posizione sfasata utilizzando lo scalpello circolare 3, ed intagliare le lunghe penne maestre alle estremità.

Decorare ognuna di queste con una scanalatura centrale.

Para las alas pelar los trozos laterales, tallar 3–4 filas desplazadas de plumas con el cincel redondo 3 y en los extremos recortar largas plumas de impulso.

Decorar estos en cada caso con una ranura central.

202 KÜRBIS-VOGEL / PUMPKIN BIRD / OISEAU EN COURGE / UCCELLO DI ZUCCA / PÁJARO DE CALABAZA

08

09

Fertige Flügel und Augen aus Karotten und Pfefferkörnern mit Leim am Körper anbringen.

Fertiges Schaustück mit eingeklebter Zunge.

Glue on the finished wings and the eyes made out of carrot slices and peppercorns.

The showpiece is finished when the tongue is glued in place.

Apportez avec de la colle les ailes finies et les yeux fait d'une carotte et de grains de poivre sur le corps.

Aspect final achevé avec langue collée.

Con la colla fissare al corpo le ali e gli occhi ricavati da un pezzetto di carota e un chicco di pepe.

L'oggetto finito con lingua incollata.

Aplicar con cola al cuerpo las alas terminadas y los ojos de zanahoria y granos de pimienta.

Pieza de exposición terminada con lengua pegada.

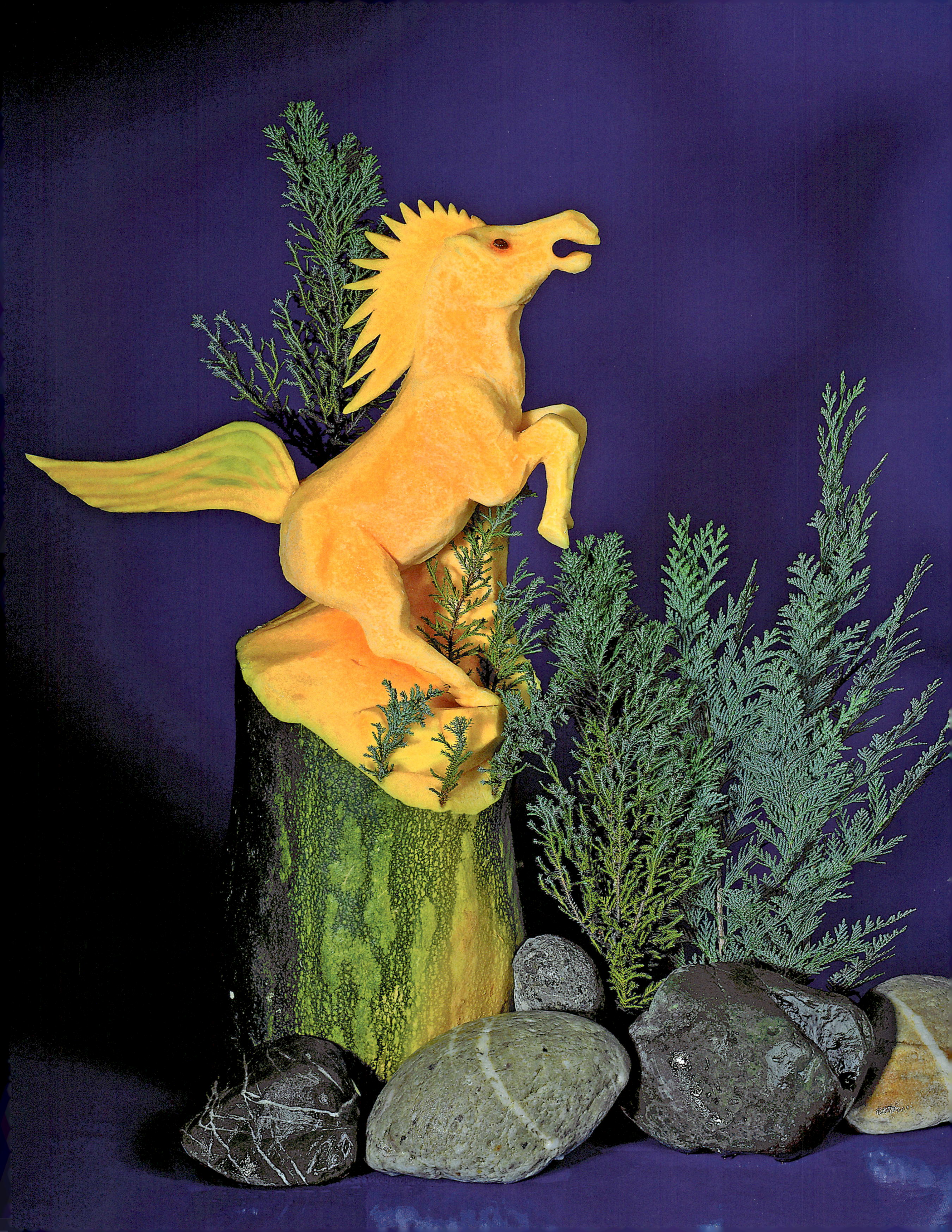

204 KÜRBIS-DELFIN / PUMPKIN DOLPHIN / DAUPHIN EN COURGE / DELFINO DI ZUCCA / DELFIN DE CALABAZA

Vorbereitung
1 Butternuss-Kürbis
Rundmeißel 1
Schnitzmesser V 1
Küchenmesser
Leim

Preparation
1 butternut pumpkin
round chisel 1
paring knife V 1
kitchen knife
glue

Préparation
1 courge musquée
Burin rond 1
Gouge V 1
Couteau de cuisine
Colle

Preparazione
1 zucca gialla allungata
Scalpello circolare 1
Coltello da intaglio V 1
Coltello da cucina
Colla

Preparación
1 Calabaza de nogal blanco
Cincel redondo 1
Cuchillo de tallado V 1
Cuchillo de cocina
Cola

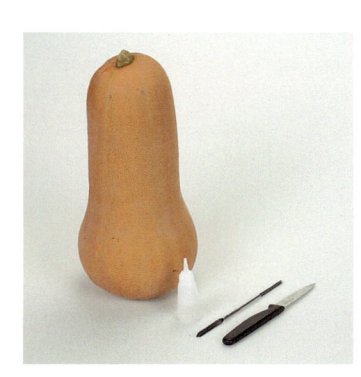

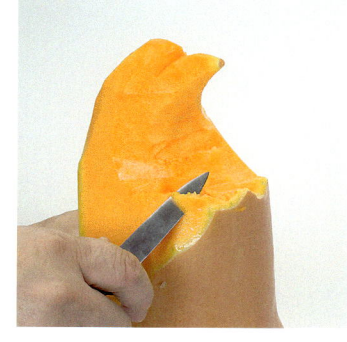

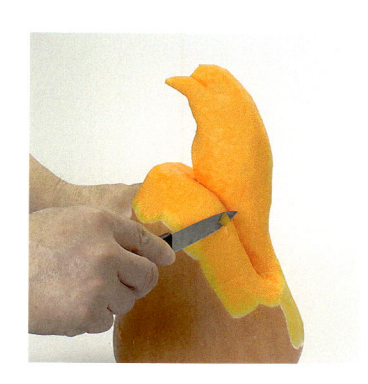

01	02	03

Von beiden Seiten des Kürbisses ein längliches Stück abschneiden. Die Oberseite leicht abschrägen.

Mit Hilfe des Küchenmessers Kopf und Schnauze grob vorschnitzen.

Körper vollständig ausarbeiten. Kürbisfleisch an der Vorderseite des Delfins abrunden.

Cut off a long, thin piece from each side of the pumpkin and cut off the top at a slant.

Use the kitchen knife to roughly shape the head and mouth.

Finish carving the shape of the body. Round off the fruit at the front sides outside the body.

Enlevez des deux côtés de la courge, en les coupant, un morceau de forme longue. Coupez la face supérieure légèrement en biais.

Pré-sculptez grossièrement la tête et la gueule à l'aide du couteau de cuisine.

Faites ressortir complètement le corps. Arrondissez la chair de la courge à l'avant du dauphin.

Tagliare longitudinalmente un pezzo ad entrambi i lati della zucca. Tagliare leggermente di sbieco la parte superiore.

Con l'aiuto del coltello da cucina disegnare la testa ed il muso in modo approssimativo.

Evidenziare bene il corpo. Arrotondare la polpa della zucca al lato anteriore del delfino.

De ambos lados de la calabaza tallar un trozo longitudinal. Biselar ligeramente el lado superior.

Con ayuda del cuchillo de cocina pretallar bastamente la cabeza y el morro.

Trabajar completamente el cuerpo. Redondear la pulpa de la calabaza en el lado delantero del delfín.

04

Schwanzflosse modellieren.

Carve the tail fin.

Modelez la nageoire caudale.

Modellare le pinne caudali.

Modelar la aleta de cola.

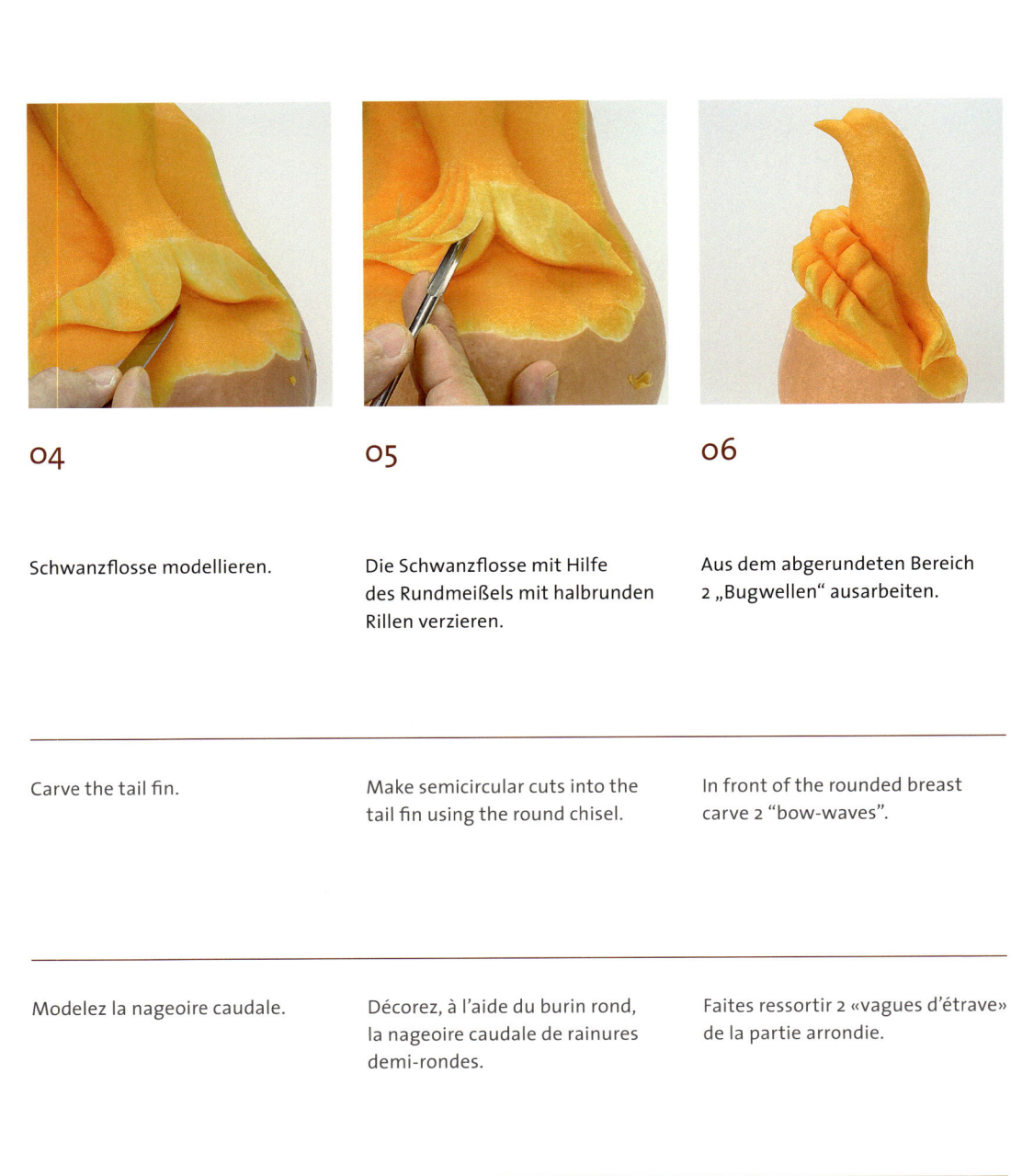

05

Die Schwanzflosse mit Hilfe des Rundmeißels mit halbrunden Rillen verzieren.

Make semicircular cuts into the tail fin using the round chisel.

Décorez, à l'aide du burin rond, la nageoire caudale de rainures demi-rondes.

Decorare le pinne caudali con delle scanalature a semicerchio, avvalendosi dello scalpello circolare.

Decorar la aleta de cola con ranuras semiredondas, con ayuda del cincel redondo.

06

Aus dem abgerundeten Bereich 2 „Bugwellen" ausarbeiten.

In front of the rounded breast carve 2 "bow-waves".

Faites ressortir 2 «vagues d'étrave» de la partie arrondie.

Ricavare nella zona arrotondata 2 «onde di prua».

De la zona redondeada trabajar 2 «olas de proa».

207

07

08

Einzelne Wellen mit dem Schnitzmesser V 1 mit Rillen versehen.

An den Seiten schneckenförmige Wellen schnitzen, diese ebenfalls mit Rillen verzieren.

Außerdem Augen aus Karotten und Pfefferkörnern und einzeln geschnitzte Rücken- und Seitenflossen anbringen.

Cut grooves in each wave with paring knife V 1.

At the sides carve snail-shaped waves and cut grooves in these too.

Add eyes made out of carrot slices and peppercorns and attach separately carved dorsal and side fins.

Pourvoyez les différentes vagues de rainures à l'aide de la gouge V 1.

Sculptez des vagues en forme d'escargots sur les côtés, décorez ces dernières également de rainures.

Apportez en outre des yeux faits en carotte et de grains de poivre et des nageoires dorsales et latérales sculptées séparément.

Effettuare delle scanalature sulle singole onde servendosi del coltello da intaglio V 1.

Intagliare lateralmente delle onde a chiocciola decorando anch'esse con delle scanalature.

Applicare infine gli occhi, ricavati da pezzetti di carota e chicchi di pepe, ed anche pinne dorsali e laterali intagliate singolarmente.

Tallar ranuras es las olas individuales con el cuchillo de tallado V 1.

En los lados tallar olas en forma de caracol, estas a su vez decorarlas con ranuras.

Además aplicar los ojos de zanahoria y granos de pimienta así como aletas dorsales y laterales talladas individualmente.

Gemüseschnitzen live

Xiang Wang Dream Team

GEMÜSESCHNITZEN LIVE
XIANG WANG
Dream Team

GEMÜSESCHNITZEN
XIANG WANG
Dream Team

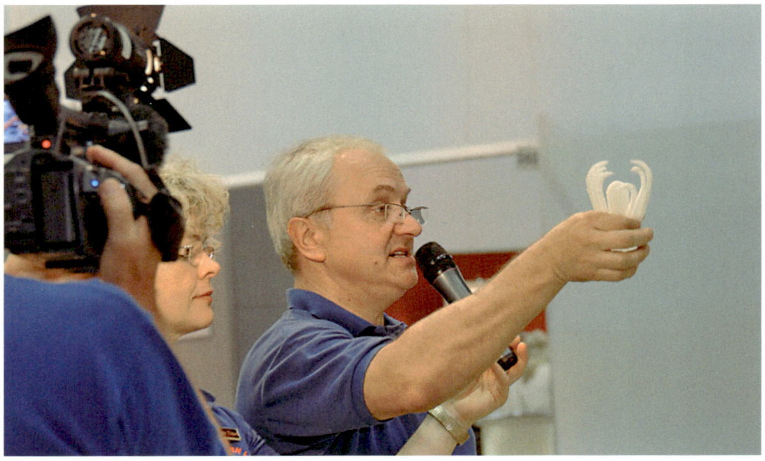

210

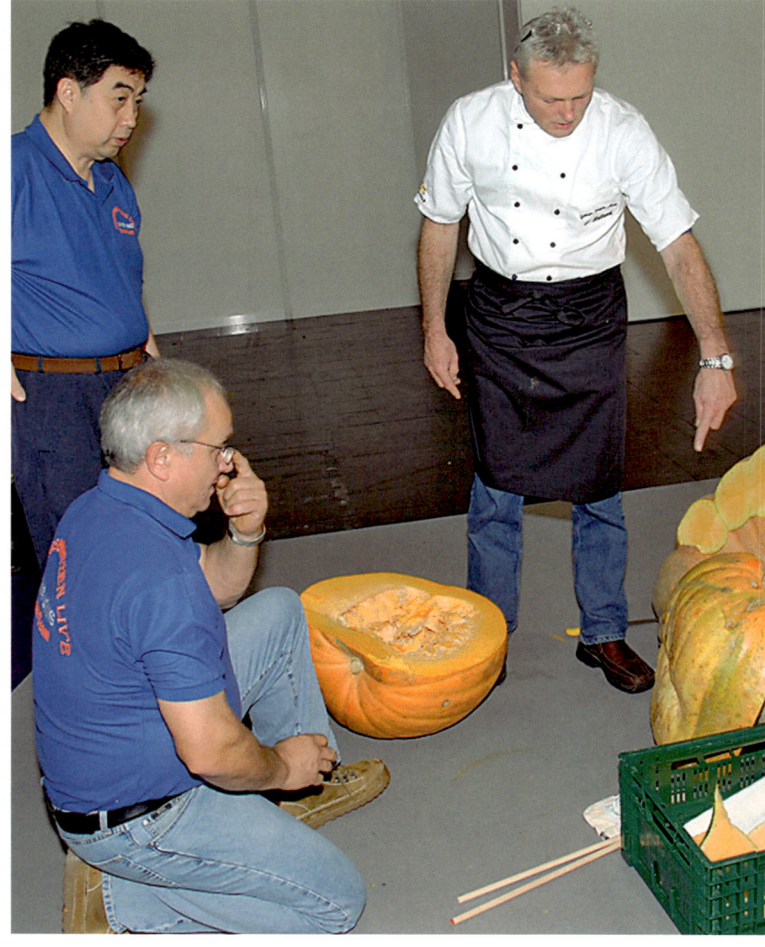

211

212

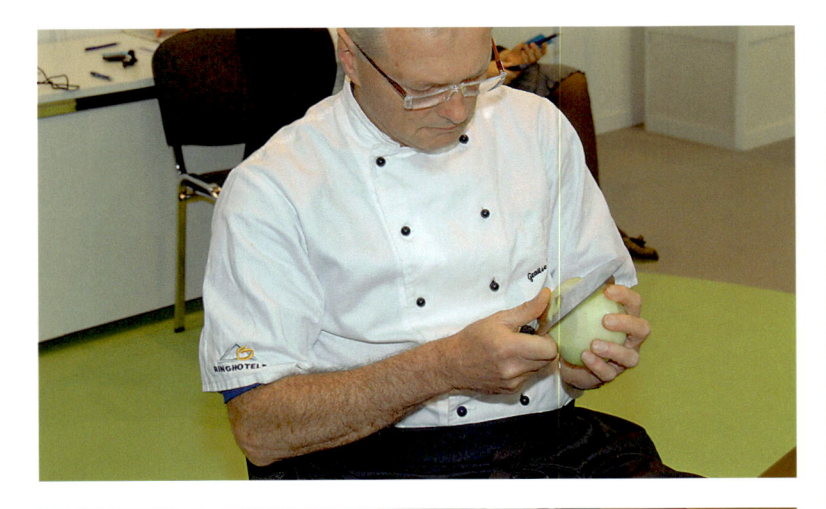

213

nach den chinesischen Regel

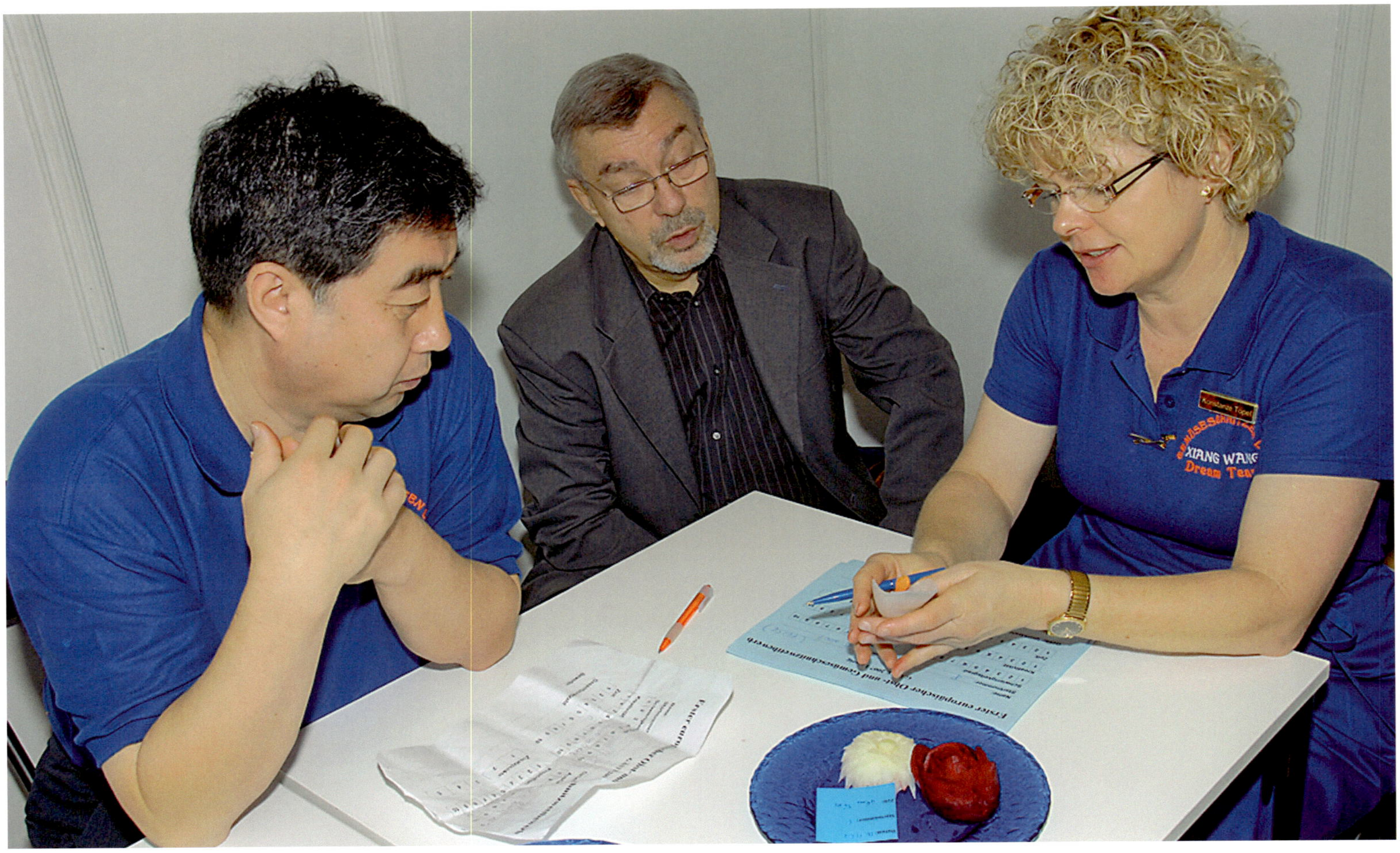
XIANG WANG

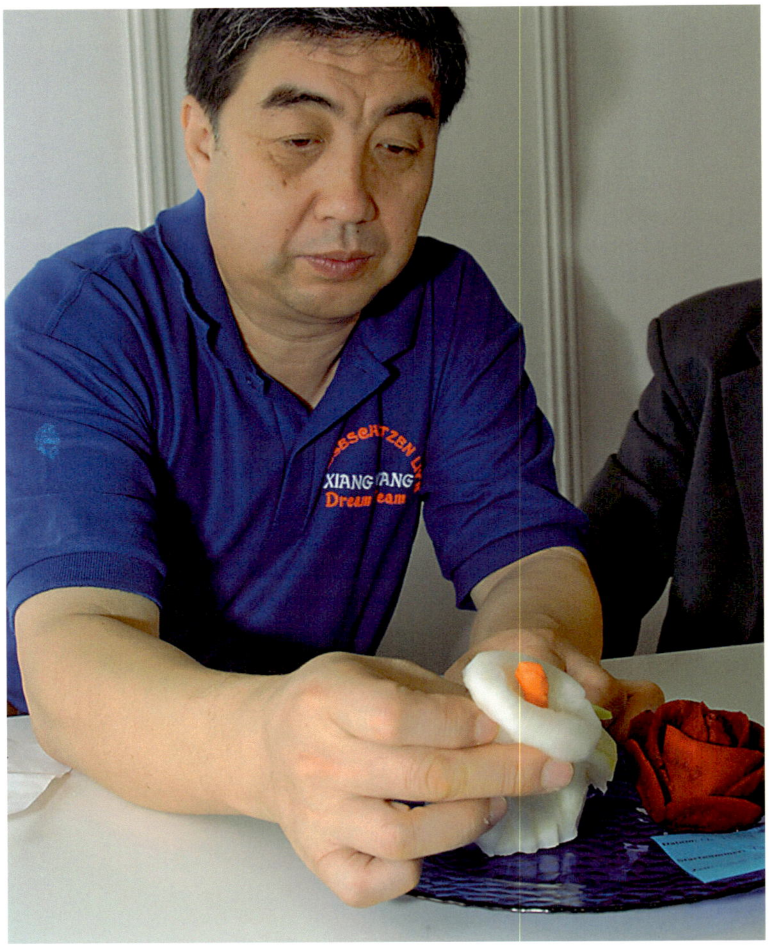

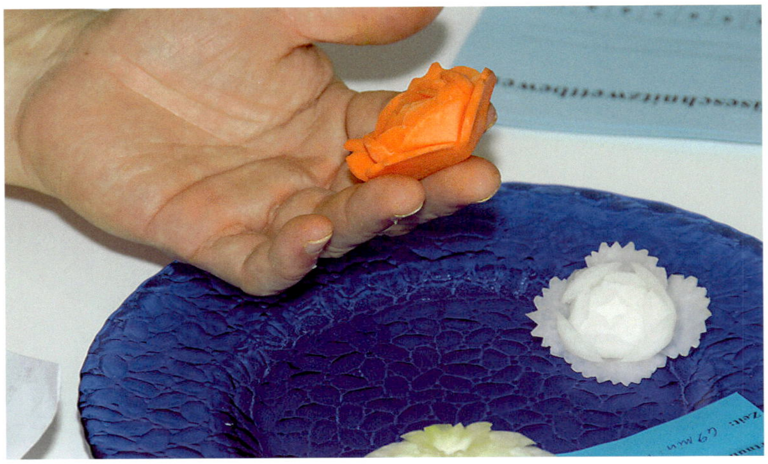

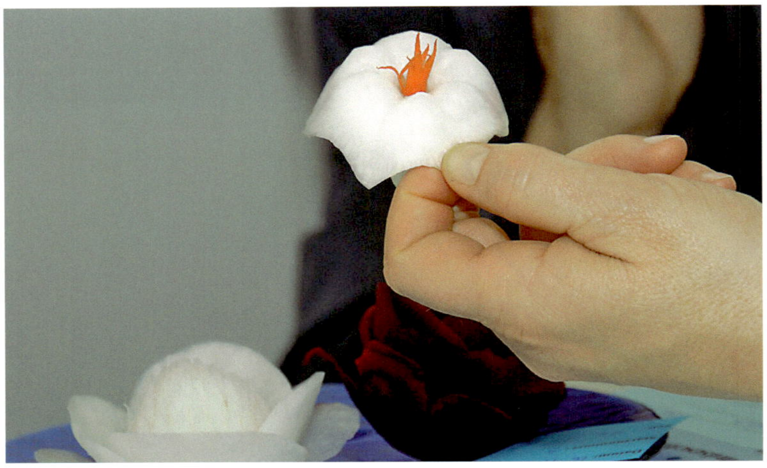

215

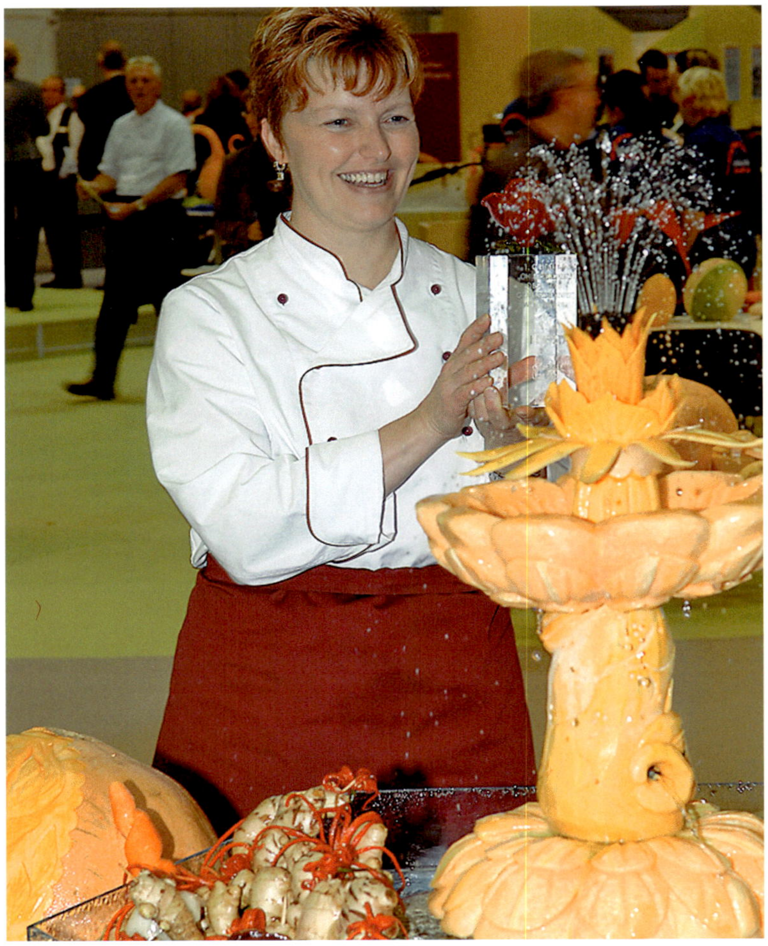

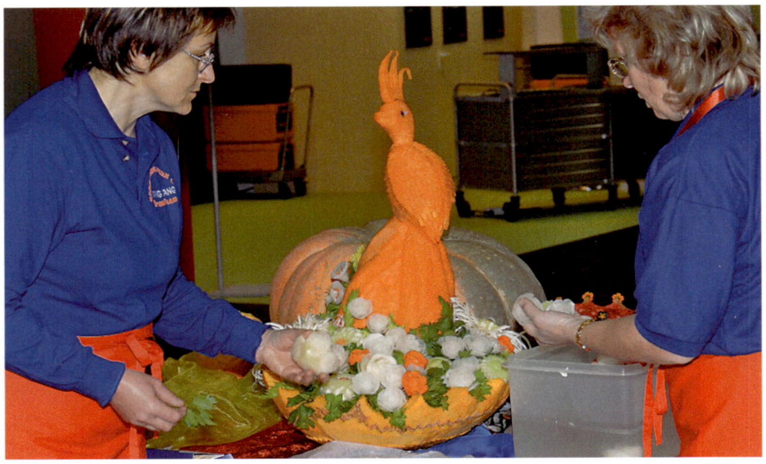

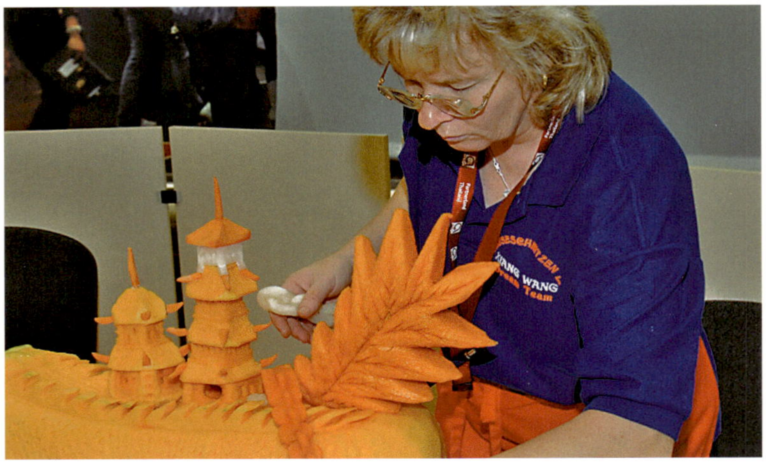

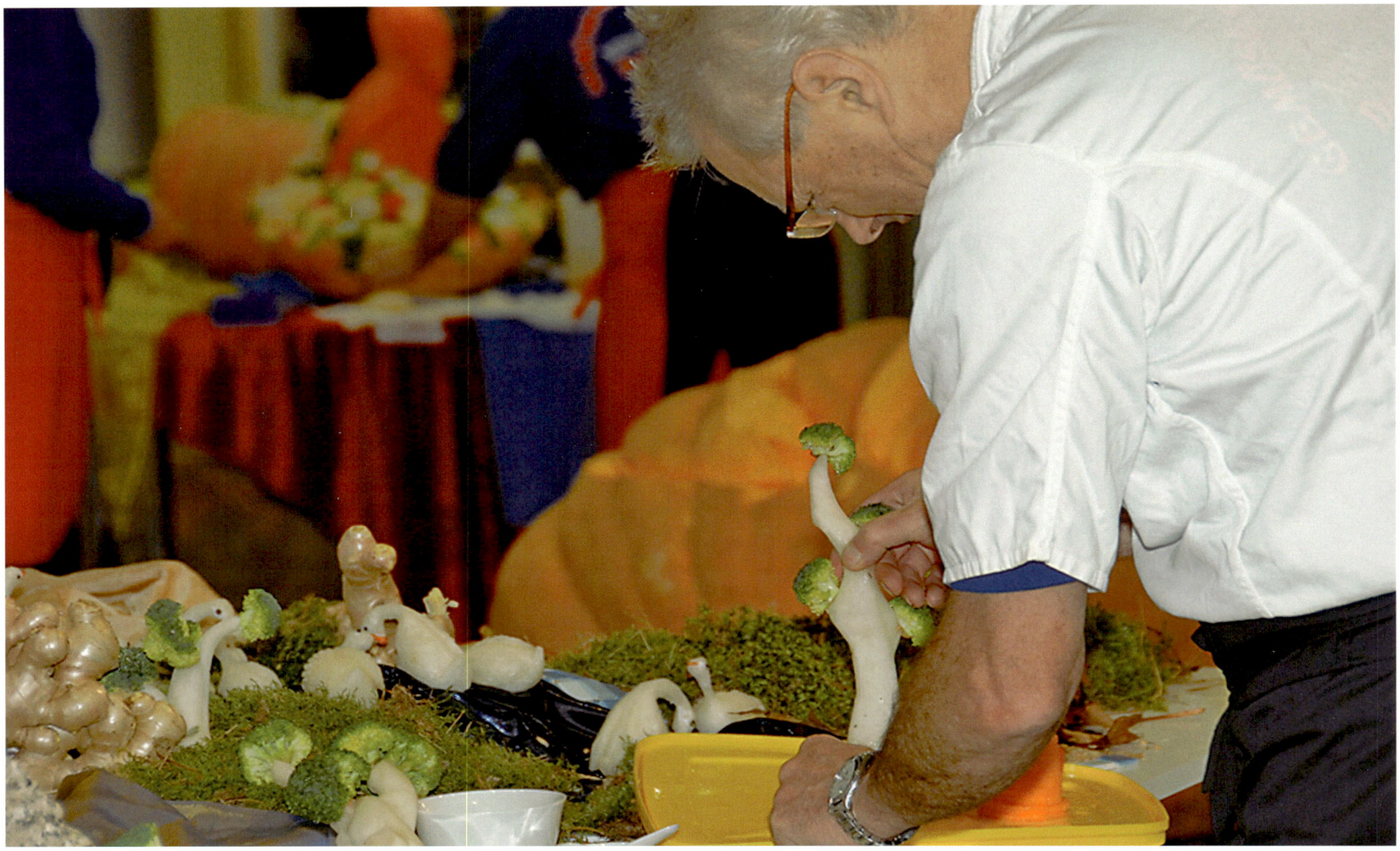

217

Land der
aufgehenden Sonne

Gemüseschnitzen live

Xiang Wang Dream Team

XIANG WANG
Dream Team

XIANG WANG
Dream Team

XIANG WANG
Dream Team

Der Autor

Xiang Wang wurde 1955 in Peking geboren. Von 1971 bis 1989 war er als Küchenchef im Friendship Hotel in Peking tätig. Unter anderem arrangierte er ein Bankett für den chinesischen Präsidenten. 1987 erschien sein erstes Buch über das Gemüseschnitzen in chinesischer Sprache. Ende 1989 wanderte Xiang Wang in die Schweiz aus, wo er seither Kurse im Gemüse- und Früchteschnitzen gibt. 1993 und 1999 wurde er Weltmeister im Gemüseschnitzen (IGEHO Basel). Xiang Wang hat seit 1987 verschiedene Bücher über die Gemüse- und Früchteschnitzerei herausgegeben.

The Author

Xiang Wang was born in 1955 in Peking. From 1971 to 1989 he was head chef in the Friendship Hotel in Peking. Among his duties was the arrangement of a banquet for the Chinese president. In 1987 his first book about vegetable carving was published in the Chinese language. At the end of 1989 Xiang Wang emigrated to Switzerland where he has since then been giving courses in vegetable and fruit carving. In 1993 and 1999 he became World Champion in vegetable carving (IGEHO Basle). Since 1987 Xiang Wang has had several different books on vegetable and fruit carving published.

L'auteur

Xiang Wang est né en 1955 à Pékin. De 1971 à 1989, il a travaillé en tant que chef cuisinier au Friendship Hotel à Pékin. Il a, entre autres, arrangé un banquet pour le président chinois. C'est en 1987 qu'est paru son premier livre sur la sculpture de légumes en langue chinoise. Fin 1989, Xiang Wang a émigré en Suisse, où il donne depuis des cours de sculpture de légumes et de fruits. Il est devenu champion du monde de sculpture de légumes en 1993 et en 1999 (IGEHO Bâle). Xiang Wang a fait paraître plusieurs livres sur la sculpture de légumes et de fruits depuis 1987.

L'autore

Xiang Wang è nato nel 1955 a Pechino. Dal 1971 al 1989 è stato capocuoco all'hotel Friendship di Pechino. Tra le varie mansioni, ha organizzato un banchetto per il presidente cinese. Nel 1987 è stato pubblicato il suo primo libro, in lingua cinese, sull'intaglio delle verdure. Alle fine del 1989 Xiang Wang è emigrato in Svizzera, dove offre corsi sulle sculture di frutta e di verdura. Nel 1993 e nel 1999 ha ottenuto il titolo di campione mondiale di intaglio di verdure (assegnato dall'IGEHO di Basilea). Dal 1987 ad oggi, Xiang Wang ha pubblicato vari libri sulle sculture di frutta e di verdura.

El autor

Xiang Wang nació en 1955 en Pekín. De 1971 a 1989 desempeñó tareas como jefe de cocina de el Friendship Hotel de Pekín. Entre otras organizó un banquete para el presidente chino. En 1987 se publicó su primer libro sobre el tallado de hortalizas en idioma chino. A fines de 1989 Xiang Wang emigró para Suiza, donde desde aquel entonces dicta cursos sobre tallado de frutas y hortalizas. En 1983 y 1999 fue Campeón mundial de tallado de hortalizas (IGEHO Basilea). Xiang Wang ha publicado desde 1987 diferentes libros sobre el tallado de frutas y hortalizas.

Der Fotograf

Hans Peter Blunier, Jahrgang 1944, ist gelernter Reprofotograf. Neben der Fotografie und der Lehre beschäftigt er sich am liebsten mit dem Fliegenbinden und -fischen.
www.b-b-digital.ch

The Photographer

Hans Peter Blunier, born in 1944, is a qualified repro photographer. Apart from photography and teaching he is very fond of fly fishing and making flies.
www.b-b-digital.ch

Le photographe

Hans Peter Blunier, né en 1944, est un photographe professionnel spécialisé dans la reproduction. Outre la photographie et l'enseigne, il son grand plaisir est de s'occuper de montage de mouches et de pêche à la mouche.
www.b-b-digital.ch

Il fotografo

Hans Peter Blunier, classe 1944, ha studiato riproduzione fotografica. Oltre ad occuparsi di fotografa ed insegnamento, coltiva la passione della pesca a mosca.
www.b-b-digital.ch

El fotógrafo

Hans Peter Blunier, nacido en 1944, es reportero gráfico profesional. Junto a la fotografía y su carrera, se ocupa preferentemente con el anudado y pesca con mosca.
www.b-b-digital.ch

Das geeignete Werkzeug

Sie benötigen für das Schnitzen geeignetes Werkzeug, wie Gemüsespitzer, Ausstecher, Schnitzmesser und Meißel. Kaufen Sie gute Werkzeuge, denn diese Investition lohnt sich auf jeden Fall. Manche Werkzeuge werden Sie 20 Jahre benutzen und umgerechnet sind dann teure Werkzeuge oft preiswerter als billige.

Alle Werkzeuge und Utensilien können Sie unter folgender Adresse bestellen:

Vegetable- & Fruitcarving Wang GmbH
Obergütschstrasse 32b
CH-6003 Luzern
Switzerland
Tel. +41 (0) 78 804 14 18
Fax +41 (0) 41 310 10 17

Suitable Tools

For carving you need suitable tools such as a vegetable sharpener, cutters, a paring knife and chisels. Buy good quality tools; the investment is well worth it. You will use some tools for 20 years, so good tools are often better value than cheap tools in the long run.

You can order all tools and utensils from:

Vegetable- & Fruitcarving Wang GmbH
Obergütschstrasse 32b
CH-6003 Luzern
Switzerland
Tel. +41 (0) 78 804 14 18
Fax +41 (0) 41 310 10 17

Les outils adaptés

Vous avez besoin, pour sculpter, d'outils adaptés, tailleur de légumes, découpoir, gouge et burin. Achetez des bons outils, car cet investissement en vaut de toute façon la peine. Vous utiliserez certains outils pendant 20 ans et quand on fait le calcul, on constate que les outils chers sont souvent plus économiques que les outils bon marché.

Vous pouvez commander tous les outils et ustensiles à l'adresse suivante:

Vegetable- & Fruitcarving Wang GmbH
Obergütschstrasse 32b
CH-6003 Luzern
Suisse
Tel. +41 (0) 78 804 14 18
Fax +41 (0) 41 310 10 17

L'utensile adatto

Per fare le sculture sono necessari utensili adatti quali il temperaverdure, gli stampi, i coltelli da intaglio e gli scalpelli. Acquistate un'attrezzatura di qualità, è un investimento che vale in ogni caso la pena di affrontare. Utilizzerete alcuni attrezzi per 20 anni e, facendo il calcolo, gli utensili costosi sono spesso più convenienti di quelli economici.

Potete ordinare tutti gli utensili e gli attrezzi da lavoro all'indirizzo che segue:

Vegetable- & Fruitcarving Wang GmbH
Obergütschstrasse 32b
CH-6003 Luzern
Svizzera
Tel. +41 (0) 78 804 14 18
Fax +41 (0) 41 310 10 17

Las herramientas apropiadas

Para el tallado necesita de herramientas adecuadas, como punteadores de hortalizas, vaciadores, cuchillos de tallado y cinceles. Compre herramientas de buena calidad, debido a que esta inversión de todas maneras se justifica. Algunas herramientas las utilizará 20 años y haciendo la conversión, las herramientas caras son frecuentemente más económicas que las baratas.

Puede pedir todas las herramientas y utensilios bajo la siguiente dirección:

Vegetable- & Fruitcarving Wang GmbH
Obergütschstrasse 32b
CH-6003 Lucerna
Suiza
Tel. +41 (0) 78 804 14 18
Fax +41 (0) 41 310 10 17

Seminare mit Xiang Wang

Vom Anfänger zum wahren Meister!
Xiang Wang lehrt die Kunst des Gemüse- und Früchteschnitzens in seinen Seminaren. Egal, ob Sie Einsteiger sind und die Grundlagen erlernen wollen oder ob Sie Ihre Kenntnisse in Fortgeschrittenen- bzw. Spezialkursen verfeinern wollen – es gibt für alle Wünsche das geeignete Seminarprogramm.

Infos zu den Seminaren von Xiang Wang erhalten Sie ebenfalls unter den genannten Kontaktdaten.

Email: wang@wangcarving.ch
www.wangcarving.ch

Email: rezeption@forstmeister.de
www.forstmeister.de

Email: anetttaute@freenet.de
www.kt-beratung.de

Seminars with Xiang Wang

From beginner to true master!
Xiang Wang teaches the art of vegetable and fruit carving in his seminars. It is all the same whether you are a beginner and want to know the first steps or whether you want to improve your present skills in advanced or special courses - there is a suitable seminar programme for all needs.

For information on Xiang Wang's seminars, please contact the address mentioned.

Email: wang@wangcarving.ch
www.wangcarving.ch

Email: rezeption@forstmeister.de
www.forstmeister.de

Email: anetttaute@freenet.de
www.kt-beratung.de

Séminaires avec Xiang Wang

Du débutant au véritable maître!
Xiang Wang enseigne dans ses séminaires l'art de la sculpture des légumes et des fruits. Que vous soyez débutant et désiriez acquérir les bases, ou que vous vouliez affiner vos connaissances dans des cours de perfectionnement ou des cours spéciaux – il existe un programme de séminaires adaptés à toutes les demandes.

Vous obtiendrez également des informations sur les séminaires de Xiang Wang aux données de contact nommées.

E-mail : wang@wangcarving.ch
www.wangcarving.ch

Email: rezeption@forstmeister.de
www.forstmeister.de

Email: anetttaute@freenet.de
www.kt-beratung.de

Seminari con Xiang Wang

Da principiante a vero maestro!
Xiang Wang insegna nei suoi seminari l'arte della scultura di frutta e di verdura. Potete essere principianti e voler apprendere i primi rudimenti oppure volete raffinare le vostre conoscenze frequentando i corsi avanzati o speciali: i livelli dei seminari soddisfano ogni tipo di richiesta.

È inoltre possibile ricevere informazioni sui seminari di Xiang Wang all'indirizzo sotto indicato.

Email: wang@wangcarving.ch
www.wangcarving.ch

Email: rezeption@forstmeister.de
www.forstmeister.de

Email: anetttaute@freenet.de
www.kt-beratung.de

E-Mail: wang@wangcarving.ch
www.wangcarving.ch

Email: rezeption@forstmeister.de
www.forstmeister.de

Email: anetttaute@freenet.de
www.kt-beratung.de

IMPRESSUM

ISBN 978-3-87515-028-5

Alle Rechte vorbehalten.
Nachdruck, auch auszugsweise, sowie Verbreitung durch Fernsehen, Film und Funk, durch Fotokopie, Tonträger oder Datenverarbeitungsanlagen jeder Art nur mit schriftlicher Genehmigung des Verlags gestattet.

© 2008 Matthaes Verlag GmbH, Stuttgart

Fotodesign: b+b-digitalfotografie, Hans Peter Blunier, Reussbühl
Übersetzung: DD-Übersetzungsdienst Dämmrich-Deschner, Gerlingen
Gestaltung und Produktion: Groothuis, Lohfert, Consorten | glcons.de
Bildbearbeitung: Mila-Design + Conceptions GmbH, Wiesbaden

Printed in Germany

IMPRINT

ISBN 978-3-87515-028-5

All rights reserved.
Reproduction, including extracts, and broadcasting through TV, film, radio, by photocopy, sound-recording, or electronic means of whatever kind only permitted with the written permission of the publisher.

© 2008 Matthaes Verlag GmbH, Stuttgart

Photodesign: b+b-digitalfotografie, Hans Peter Blunier, Reussbühl
Translation: DD-Übersetzungsdienst Dämmrich-Deschner, Gerlingen
Graphic design and producing: Groothuis, Lohfert, Consorten | glcons.de
Picture design: Mila-Design + Conceptions GmbH, Wiesbaden

Printed in Germany